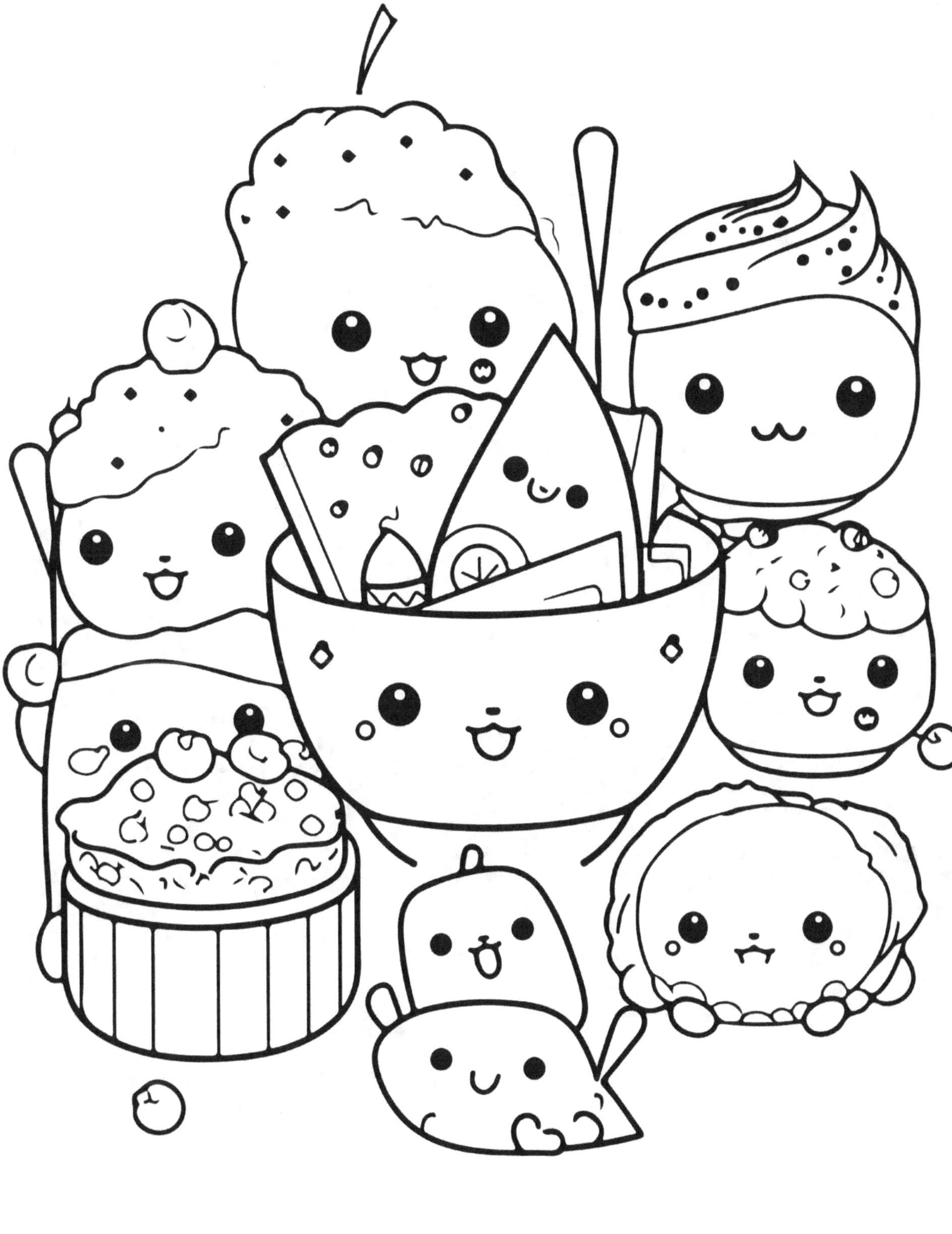

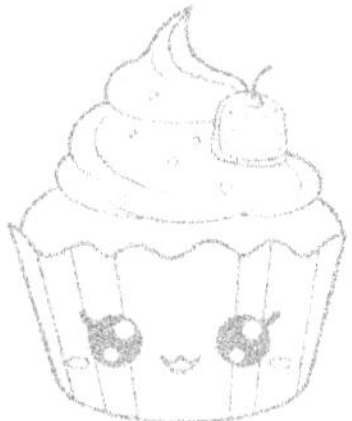

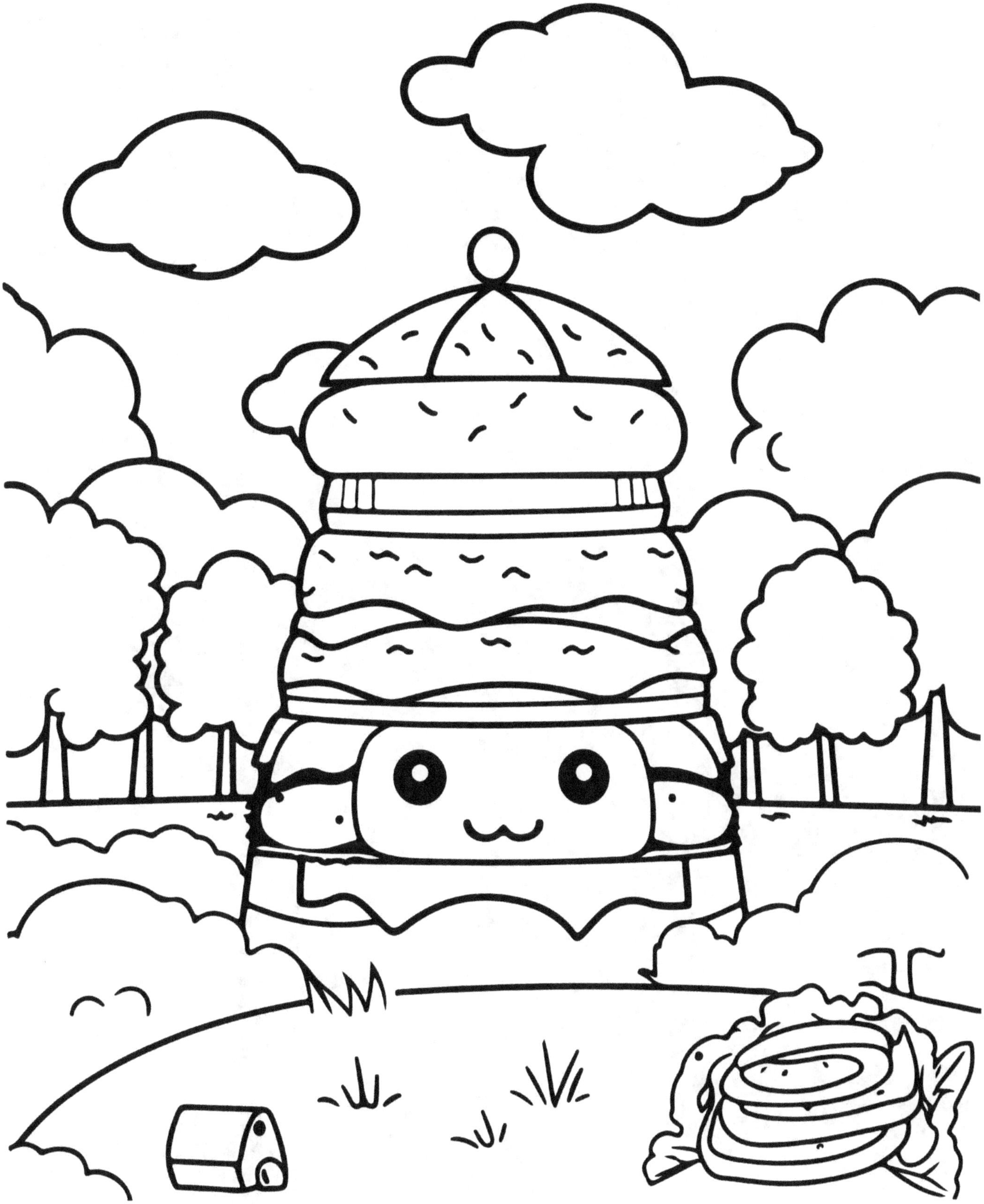

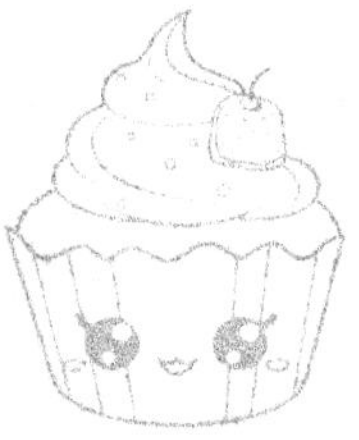

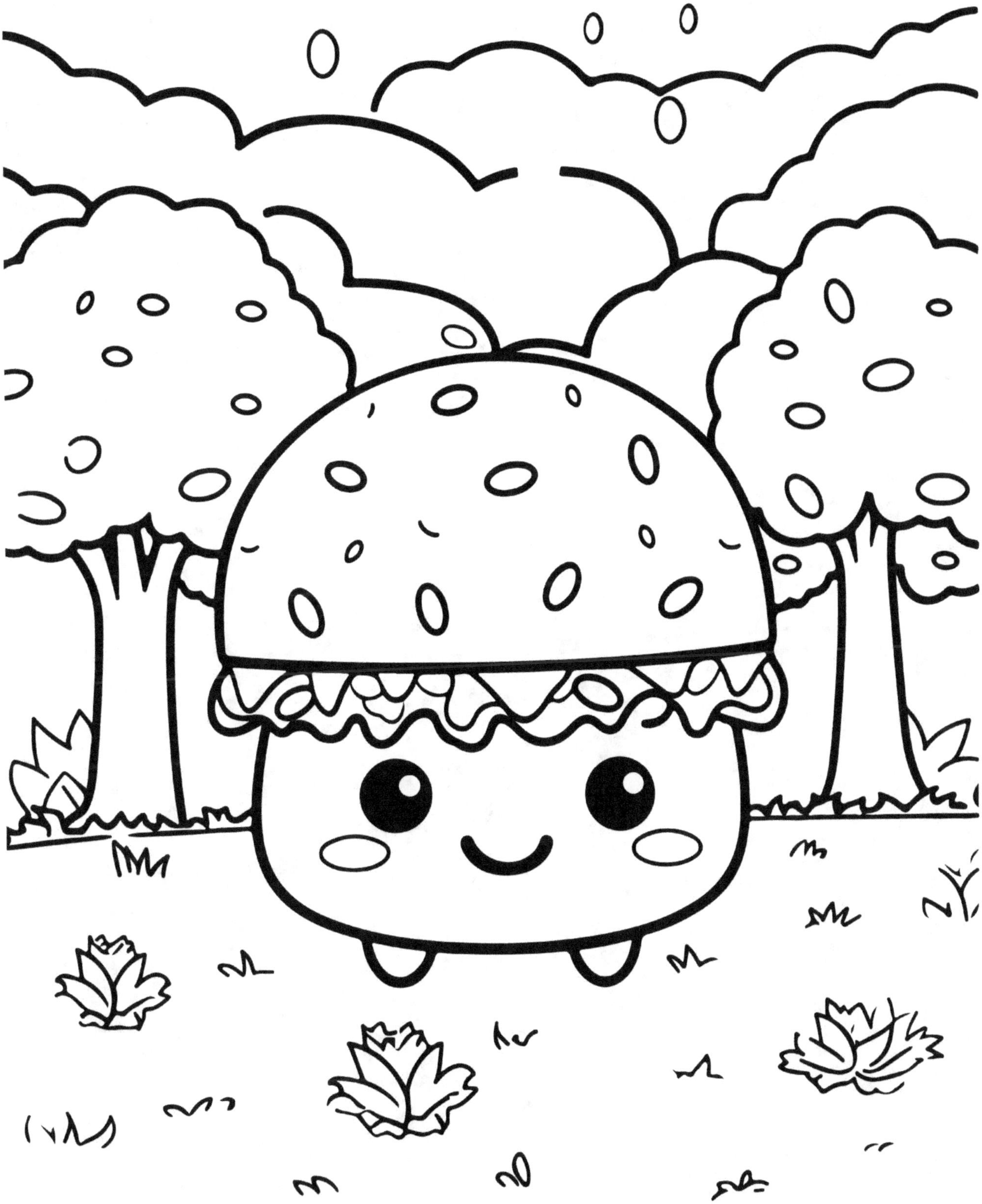

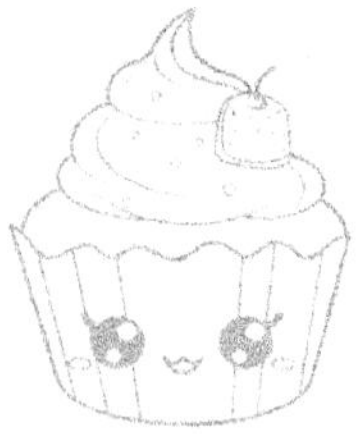

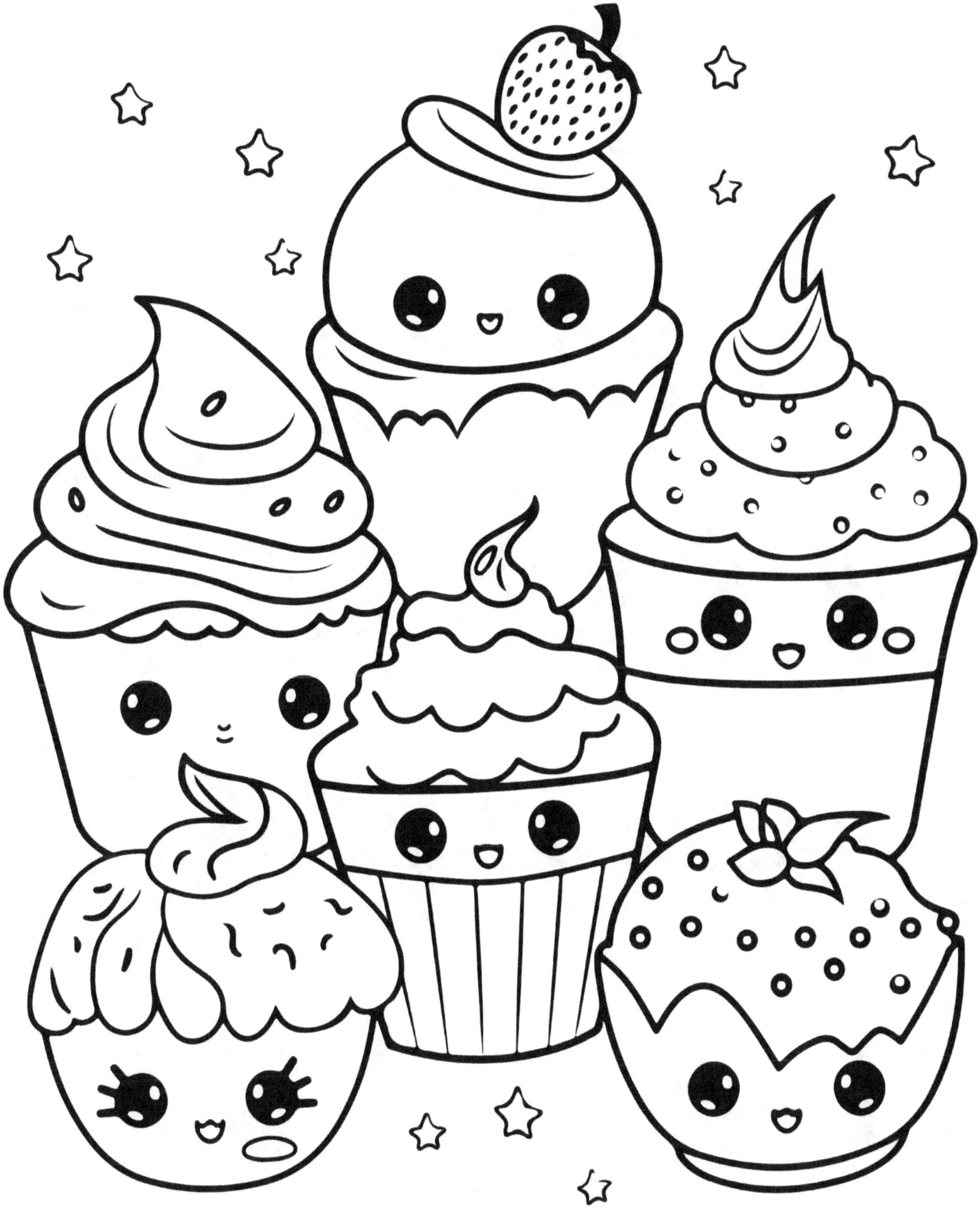

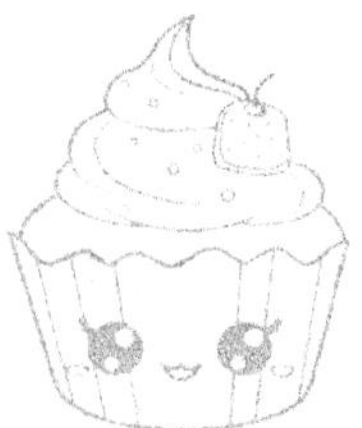

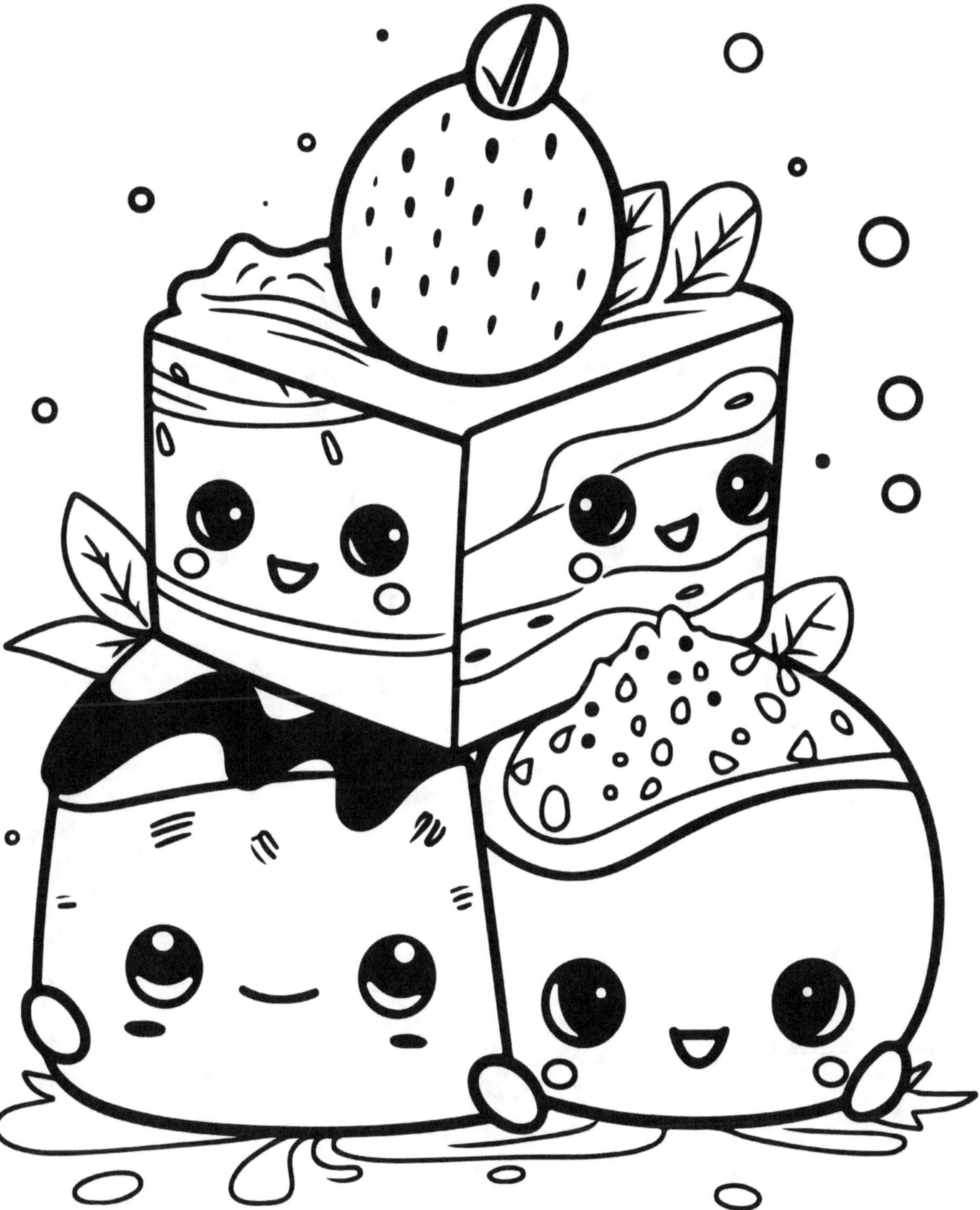

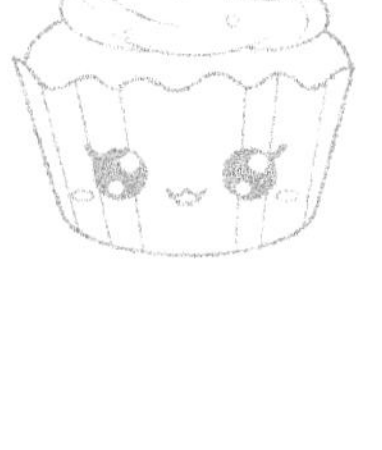

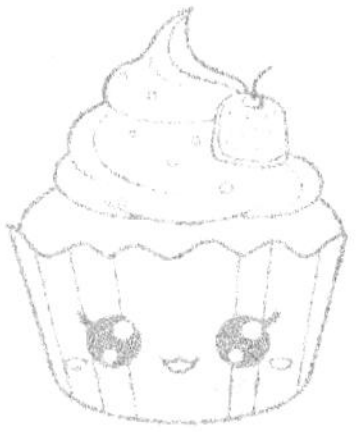

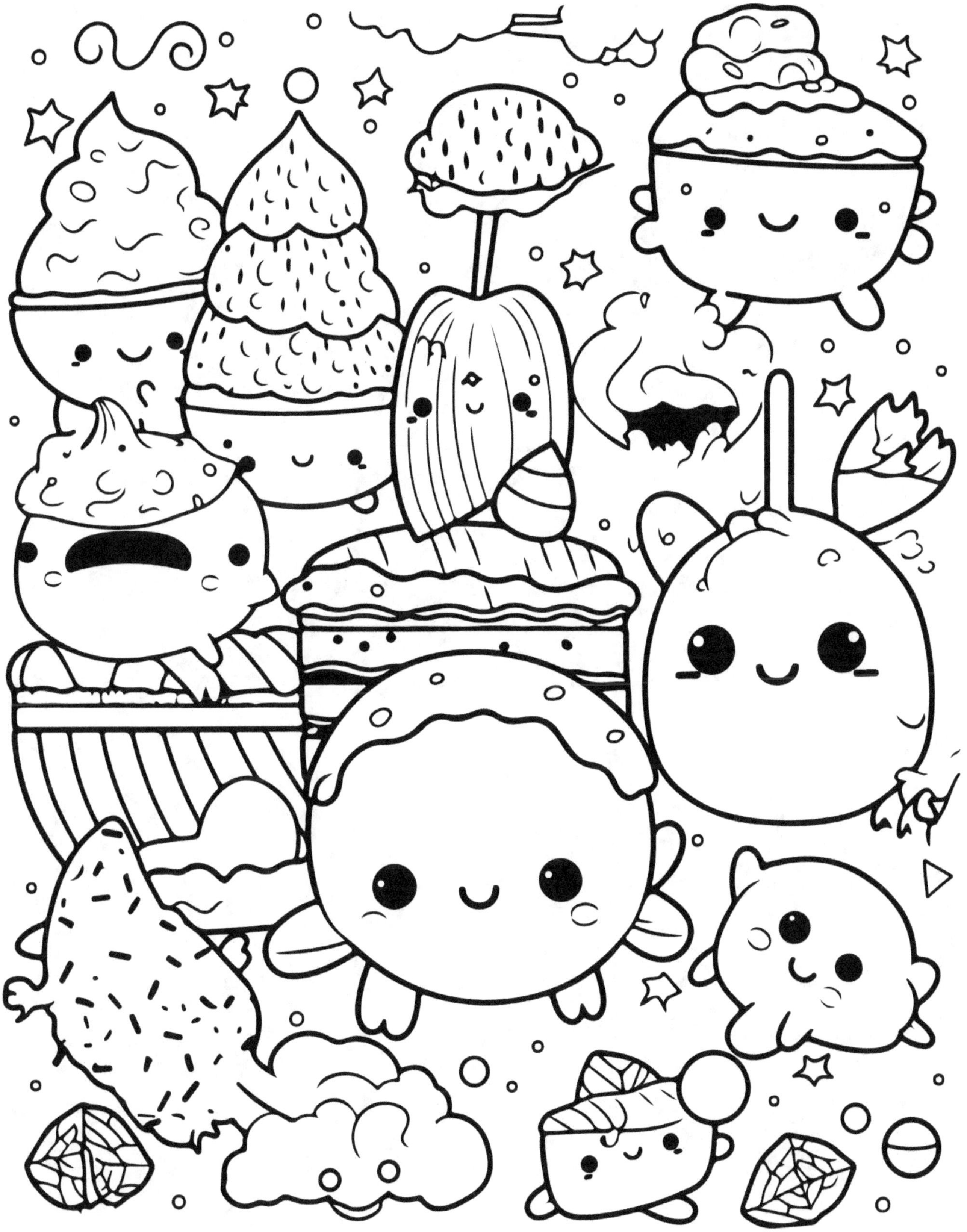

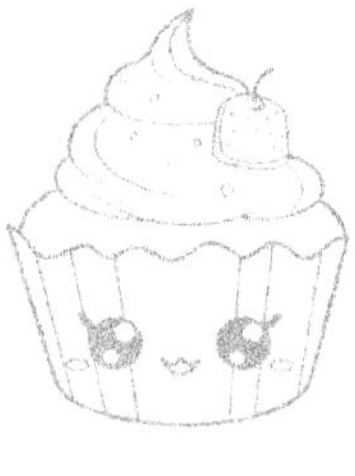

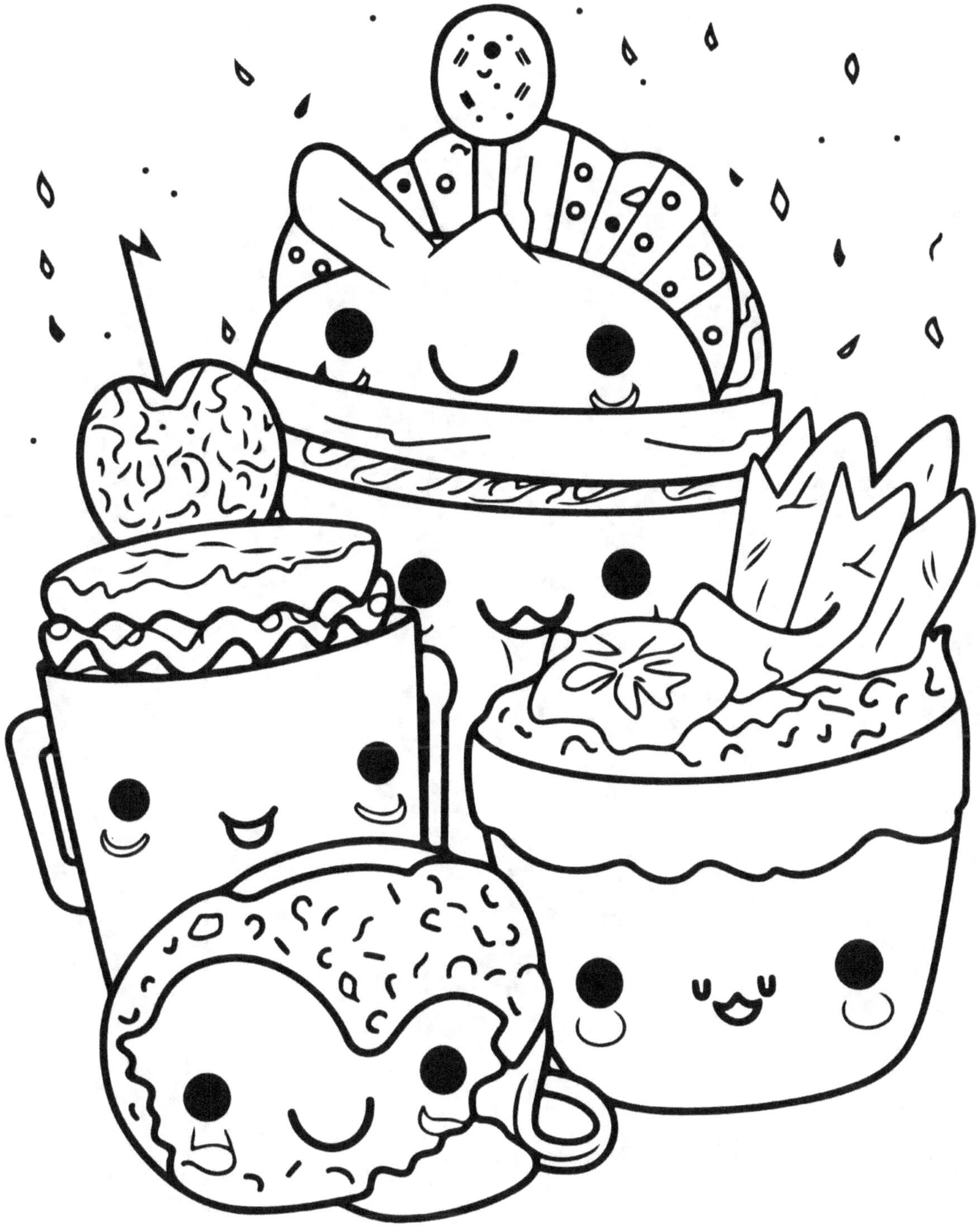

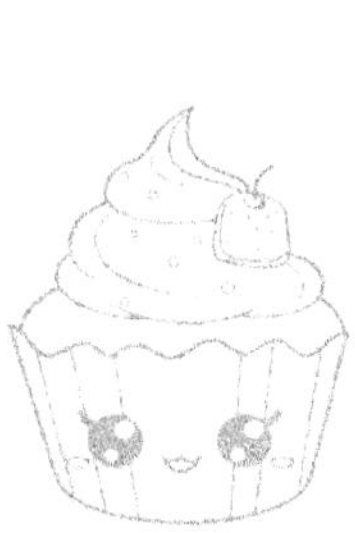

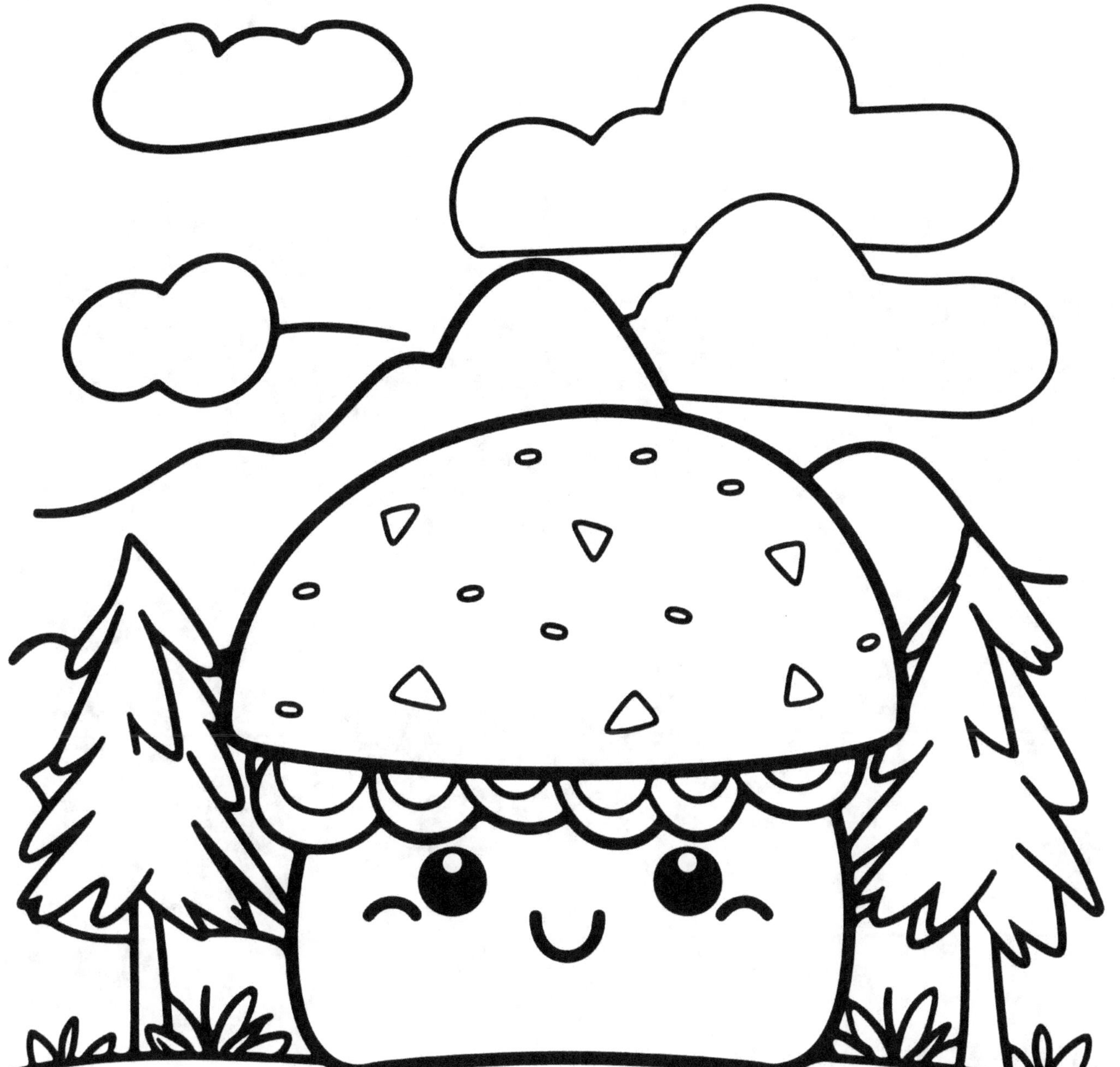

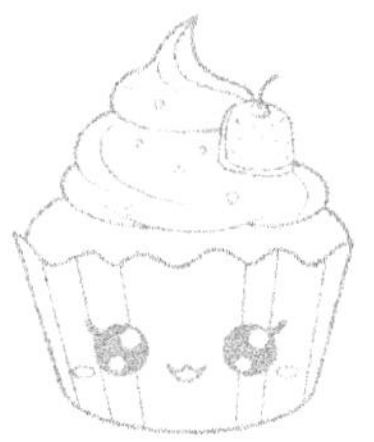

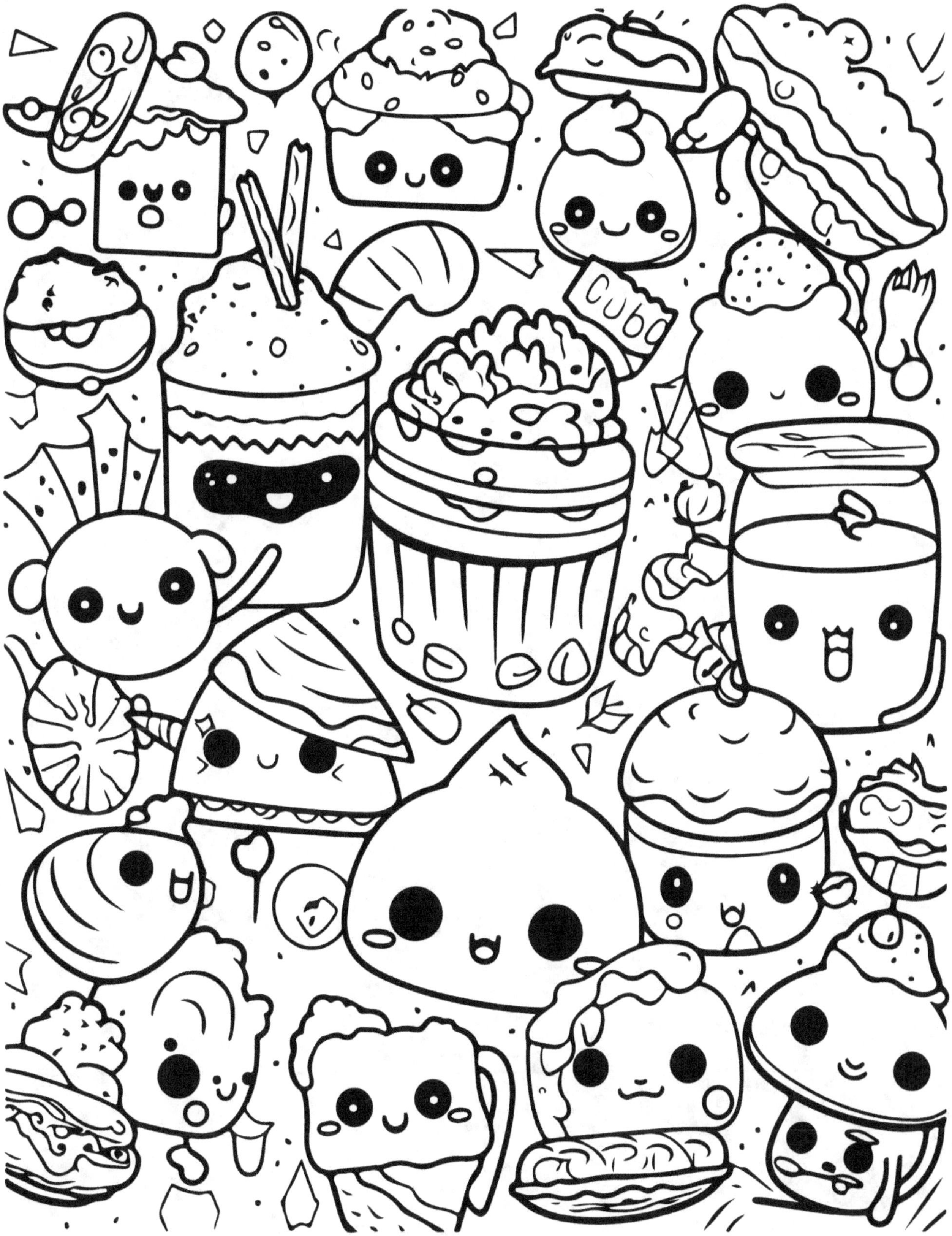
CUbo

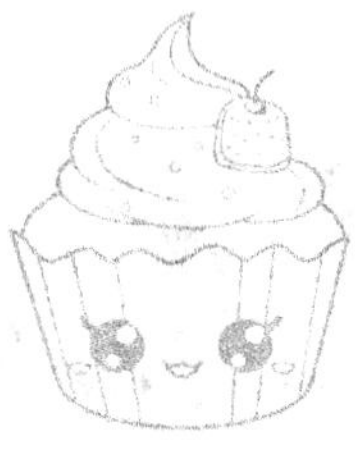

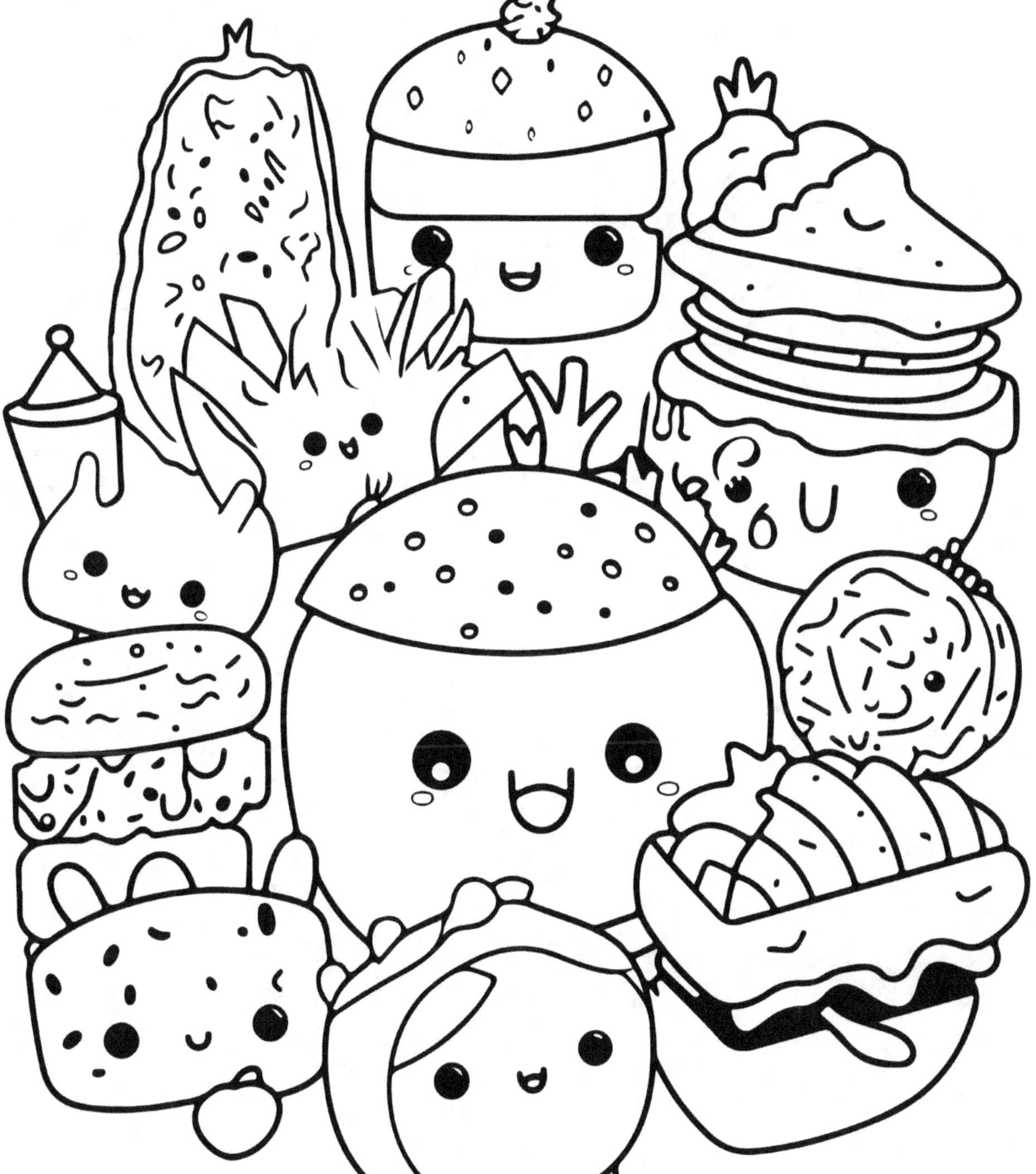

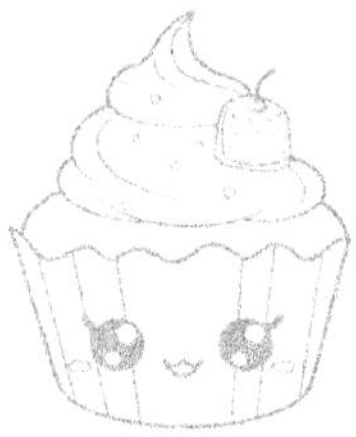

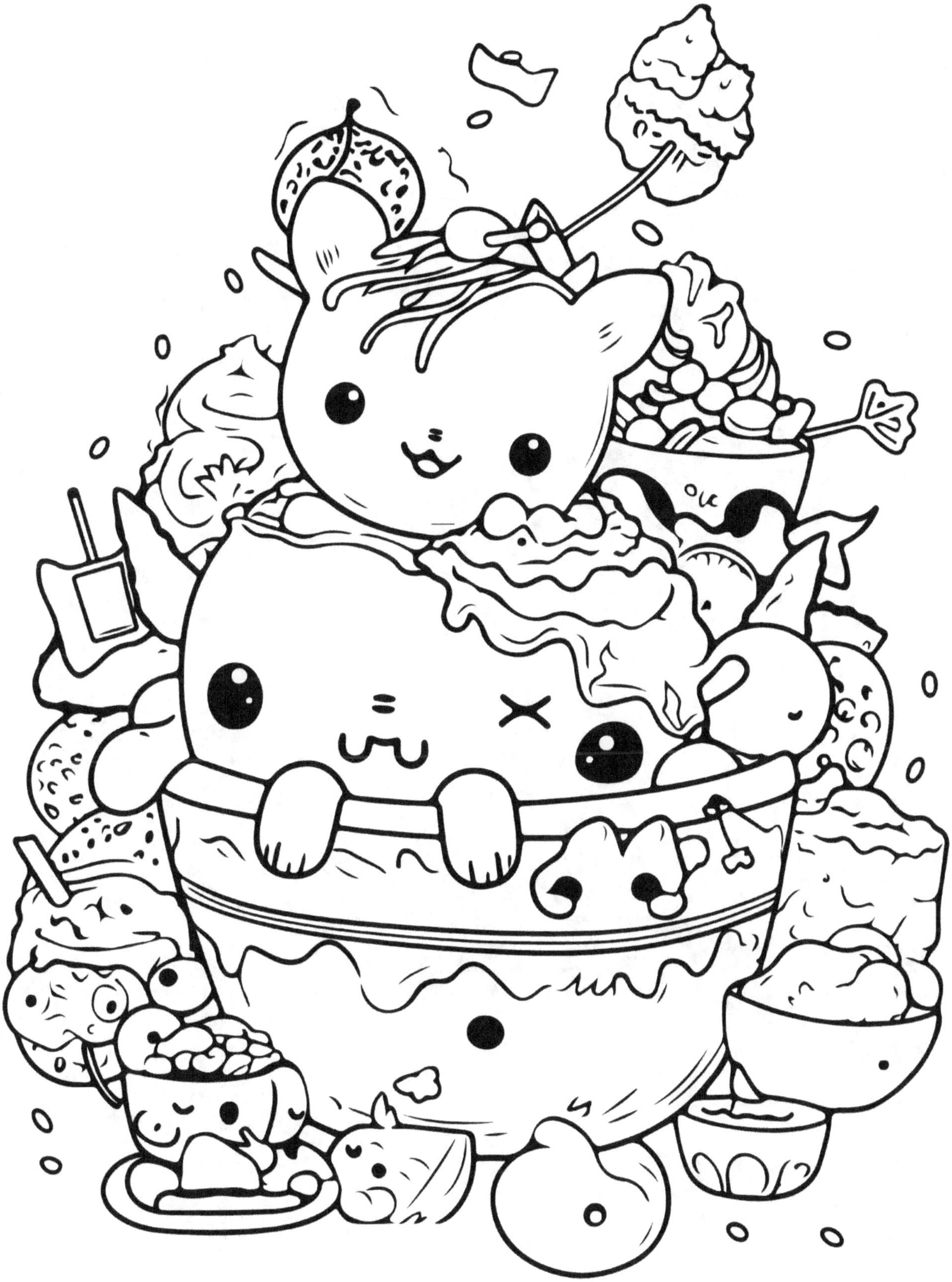

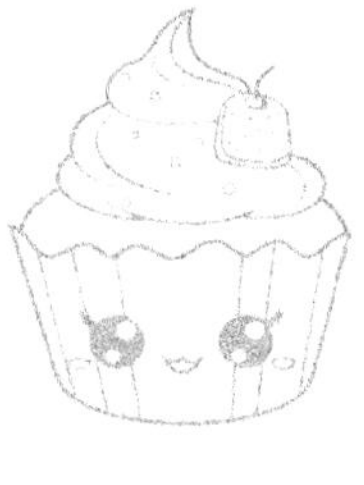

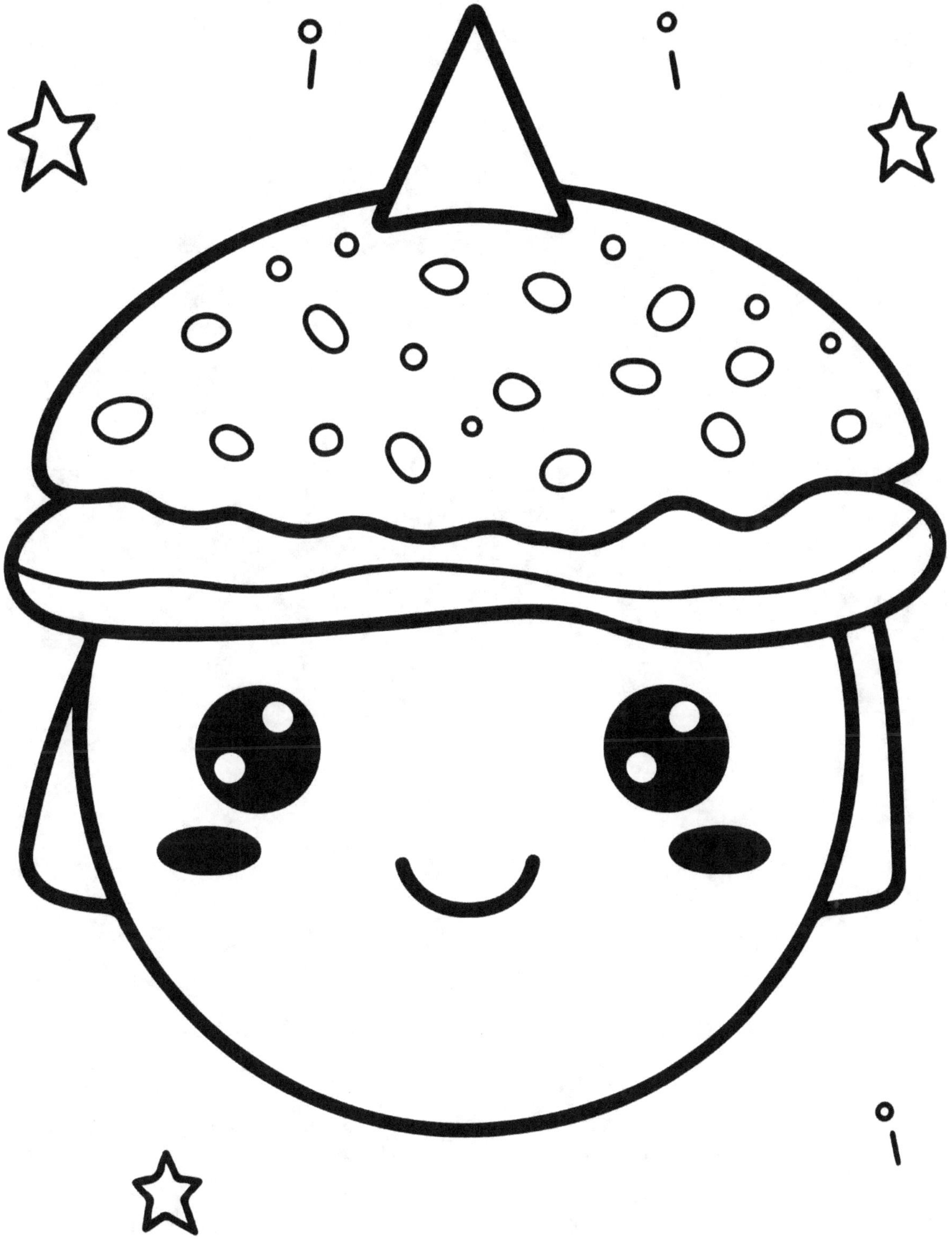

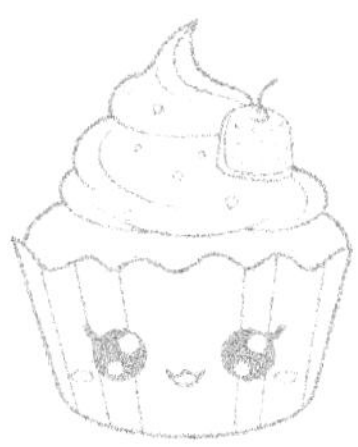

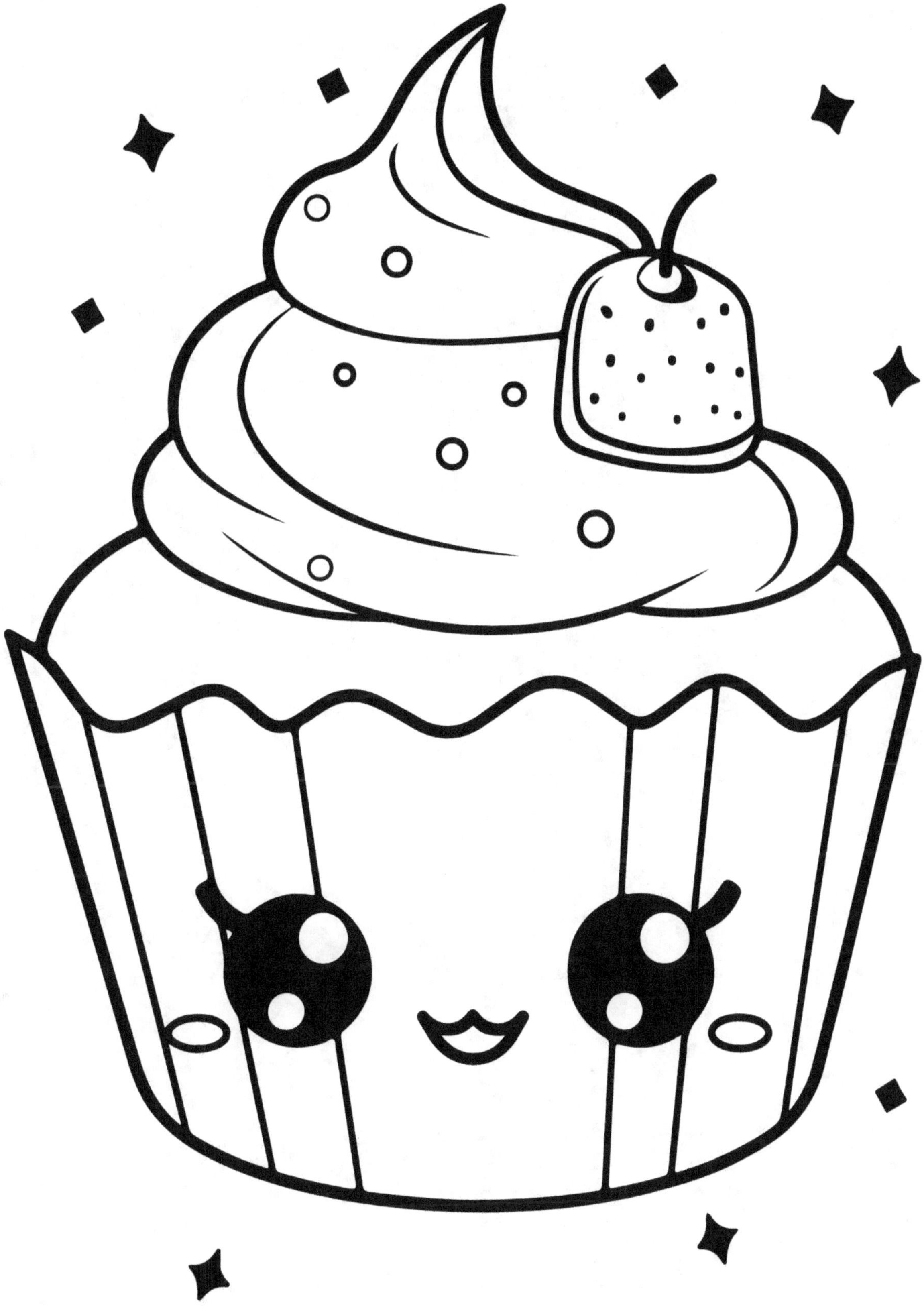

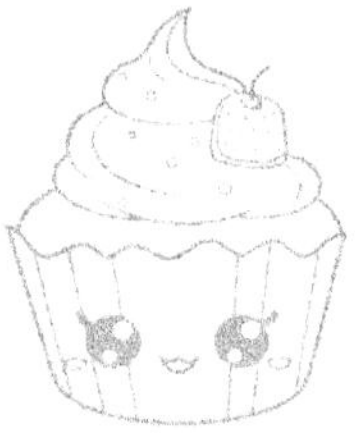

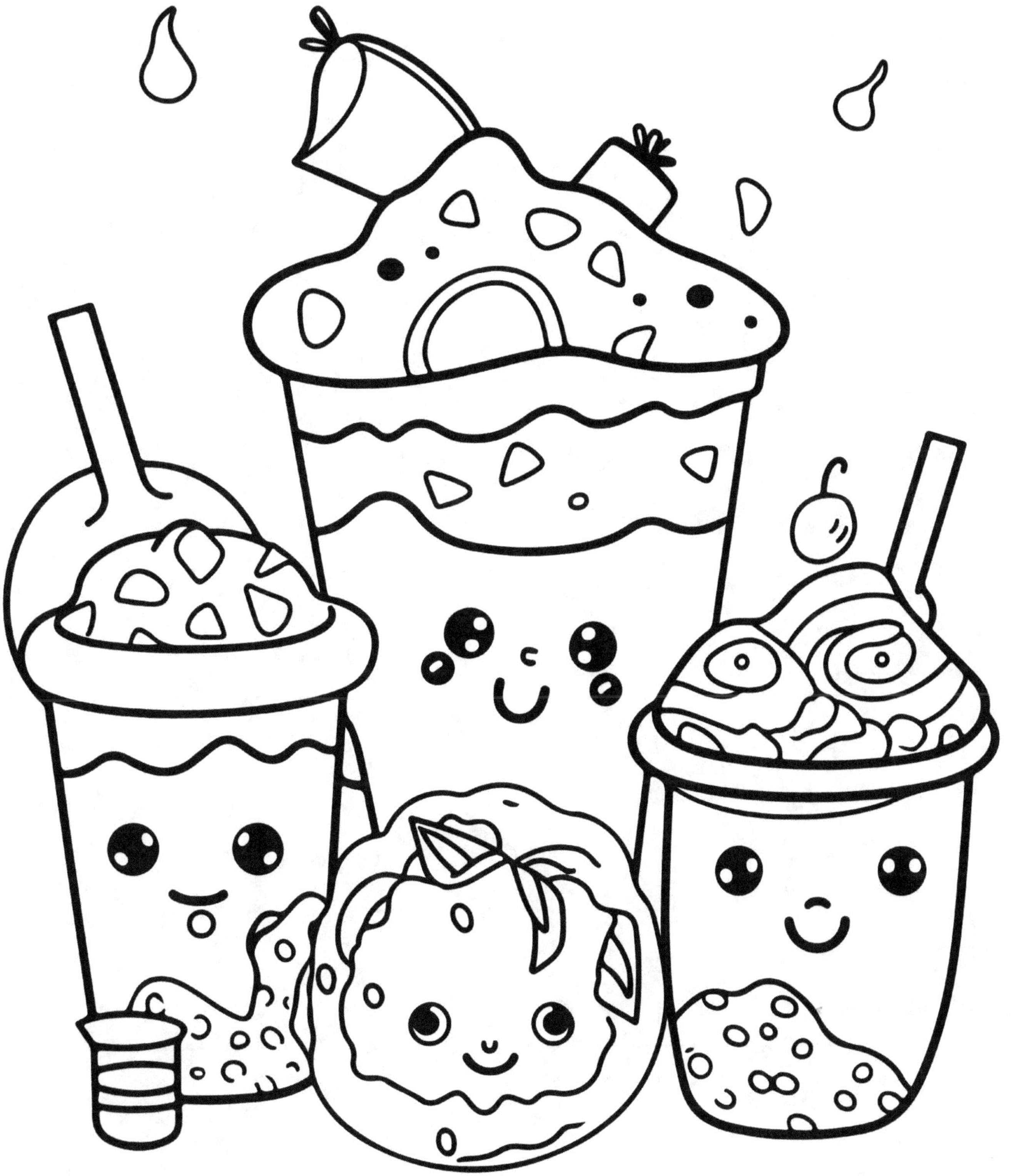

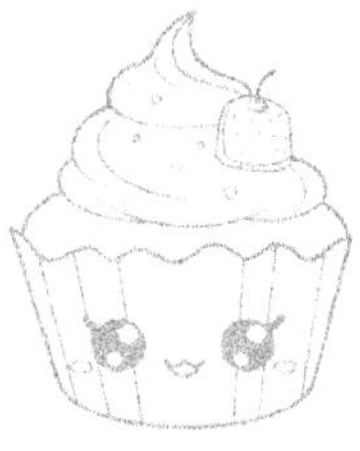

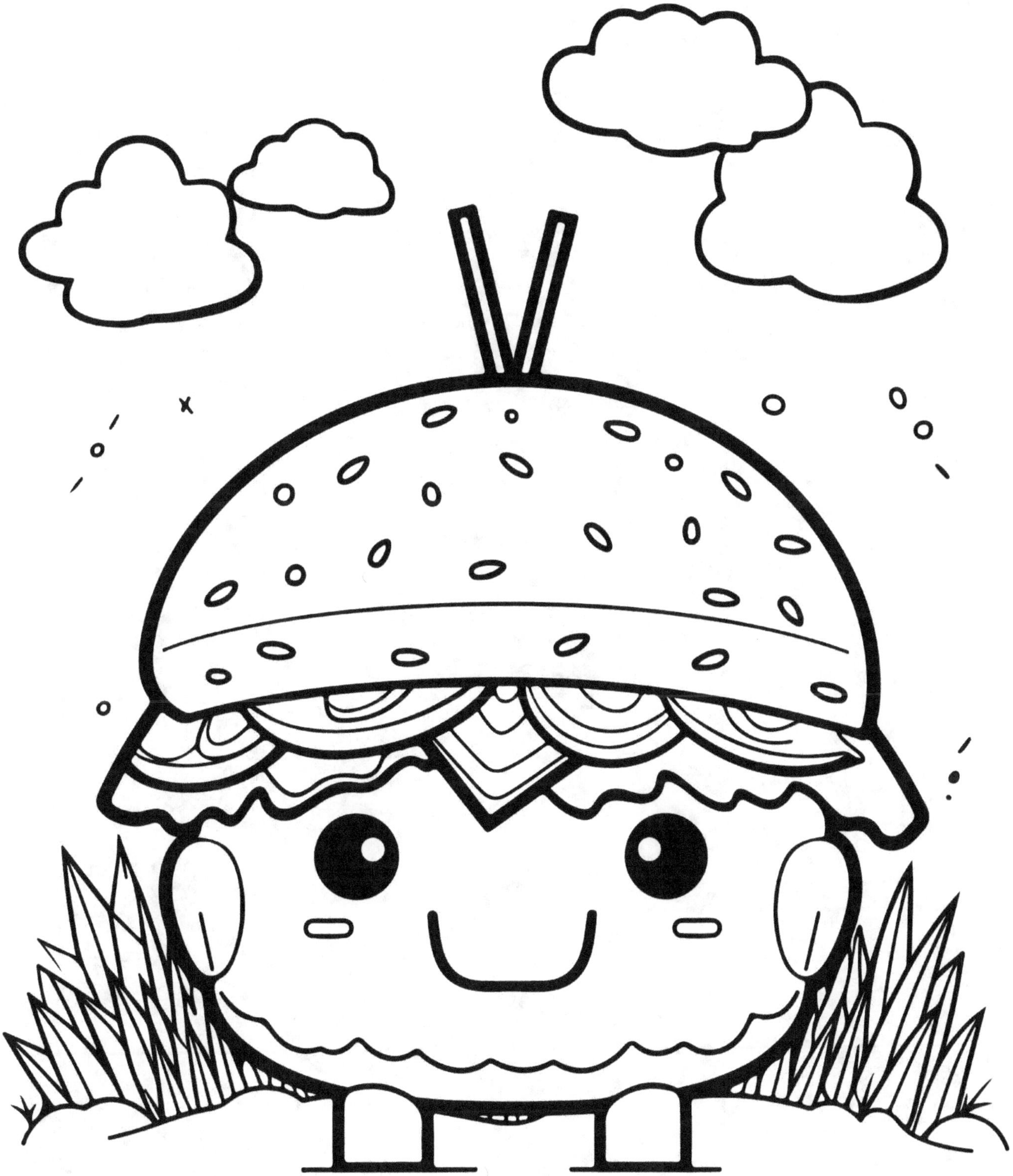

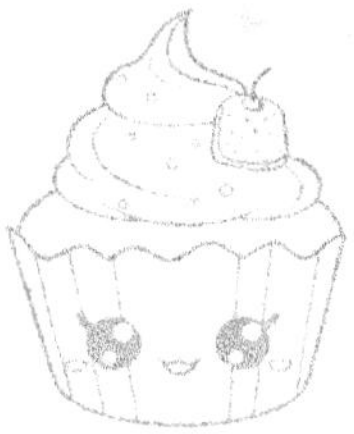

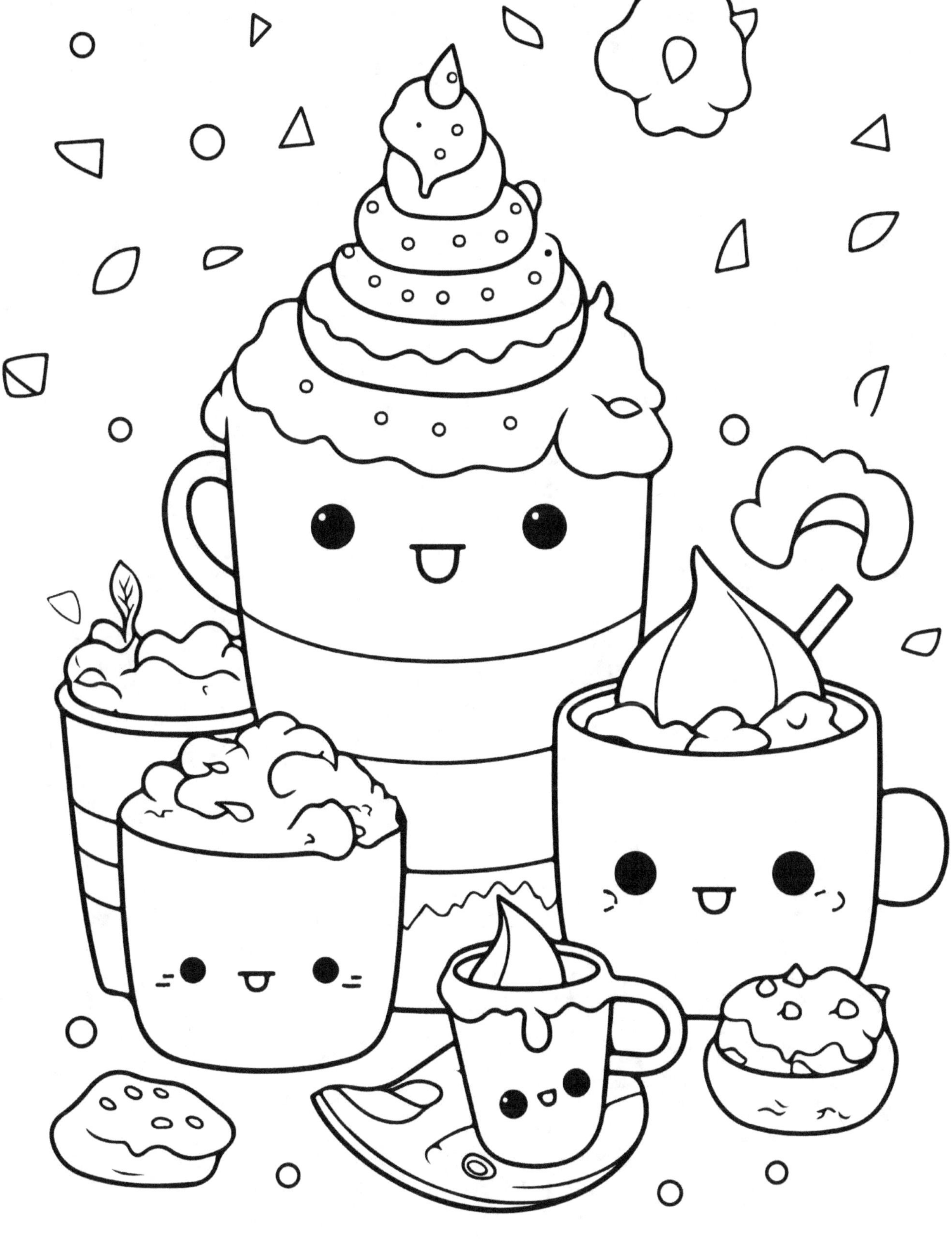

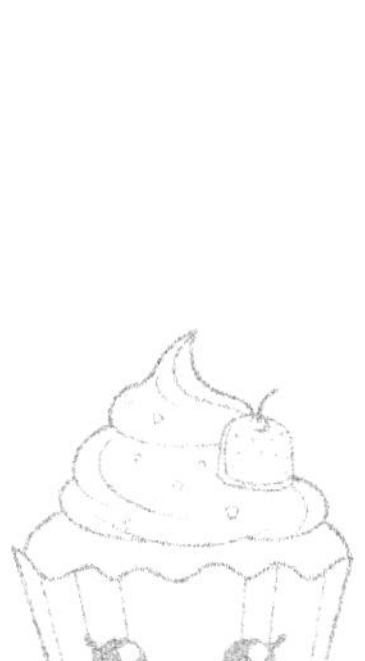

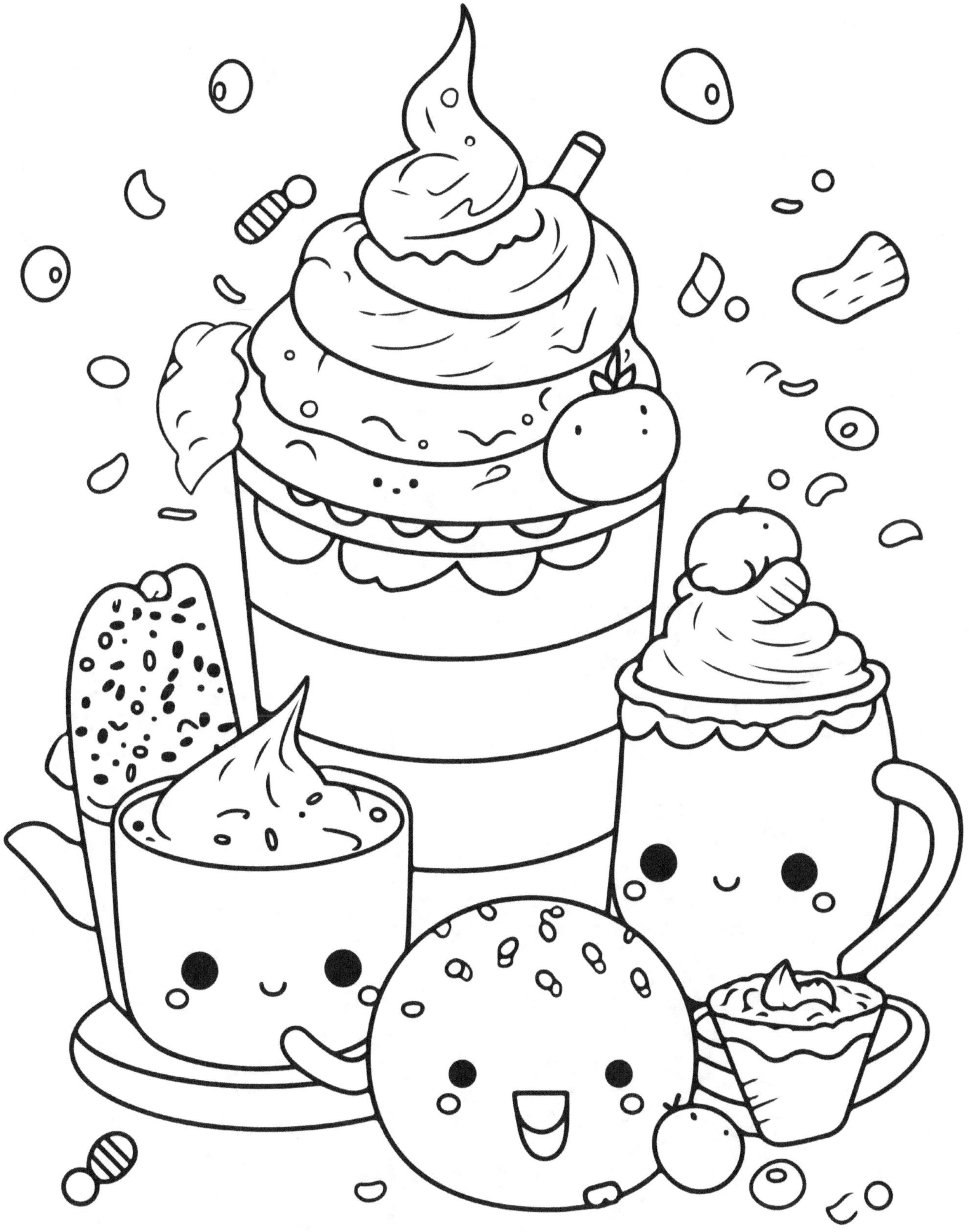

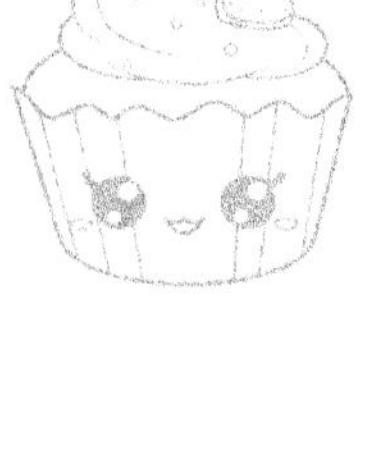

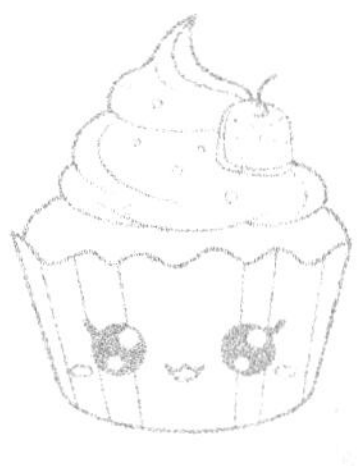

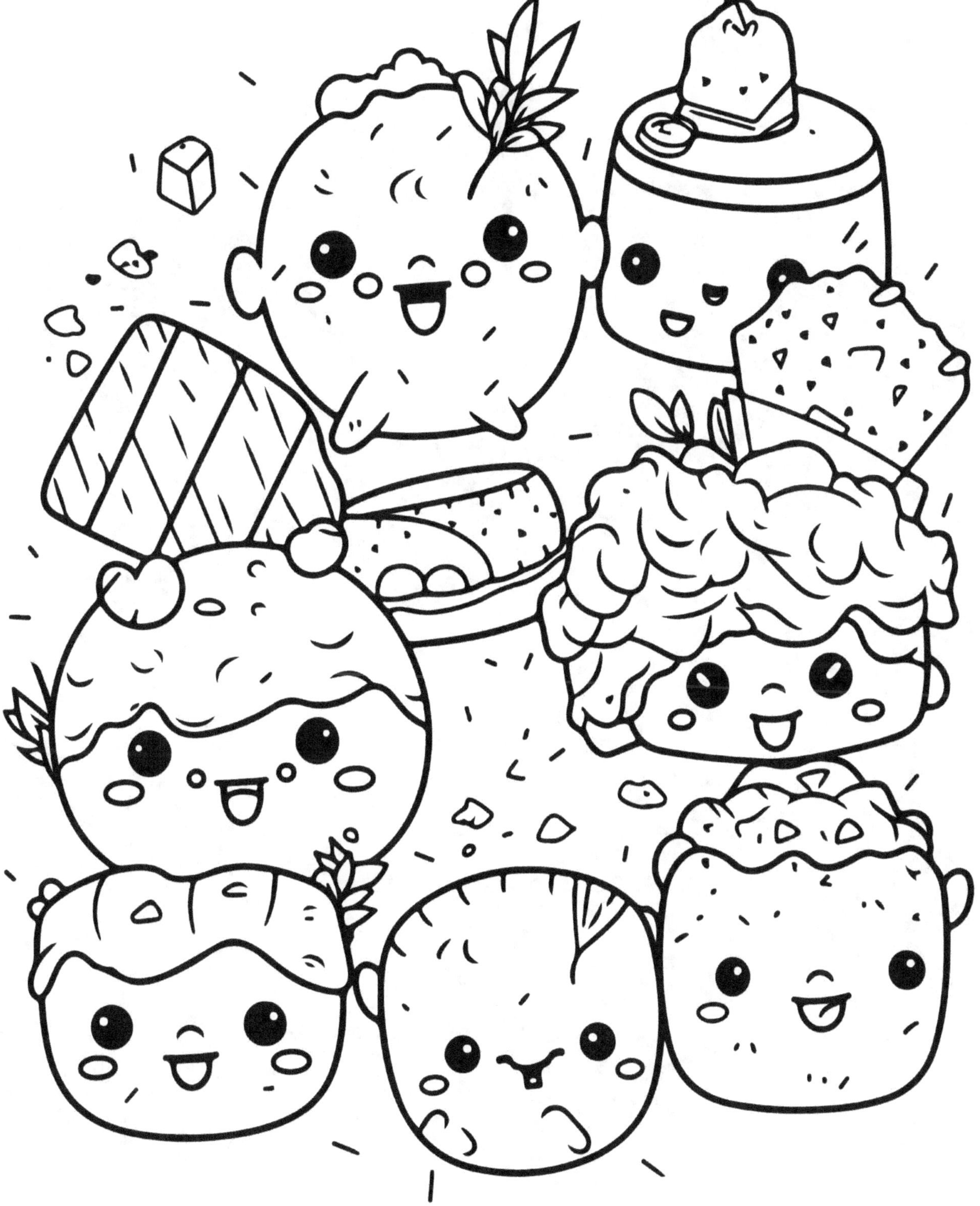

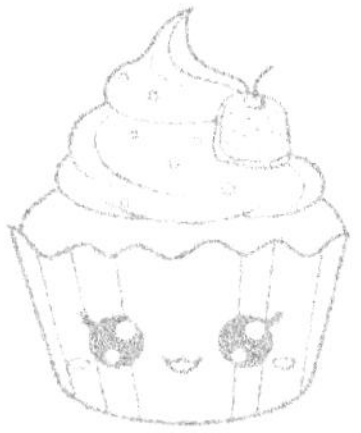

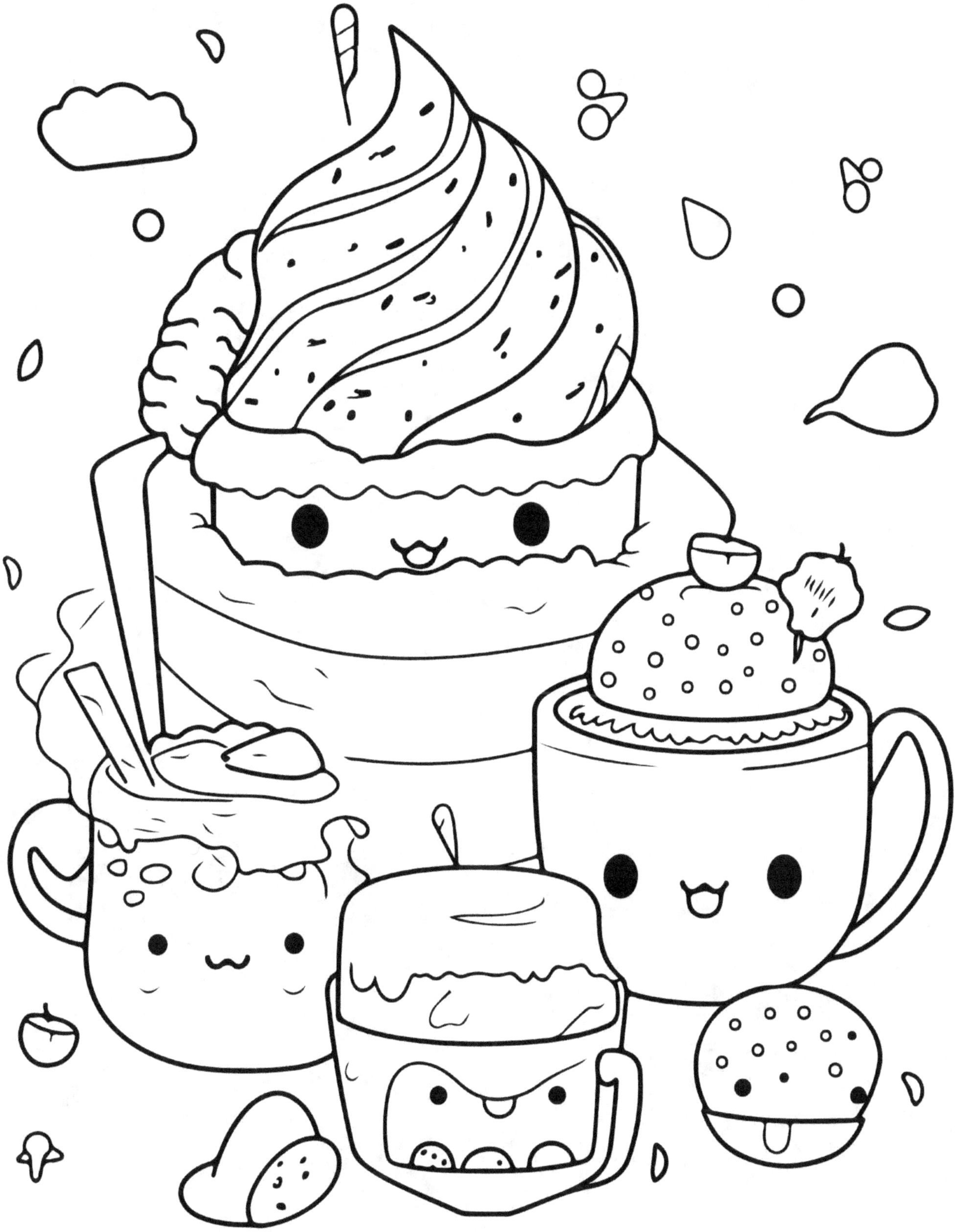

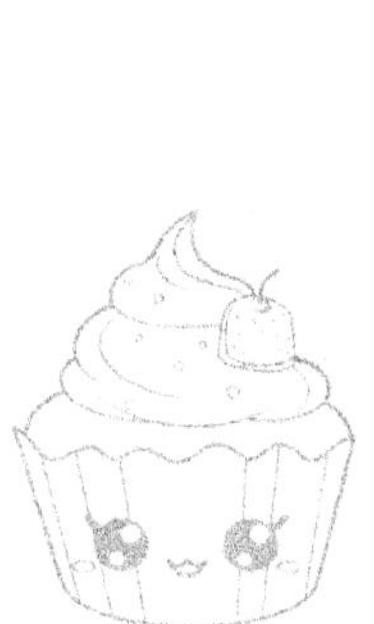

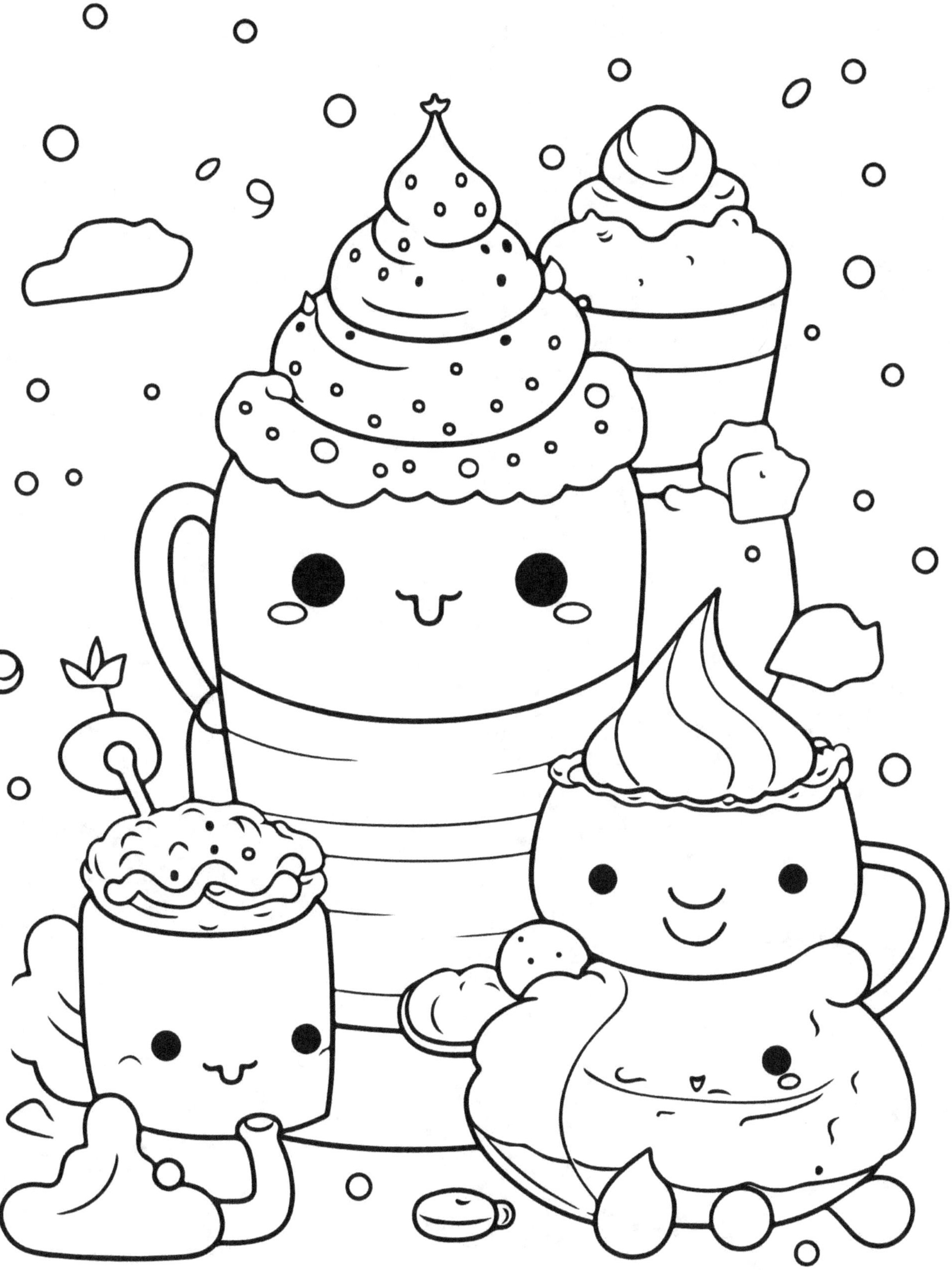

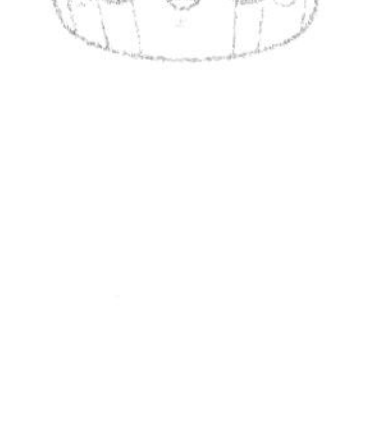

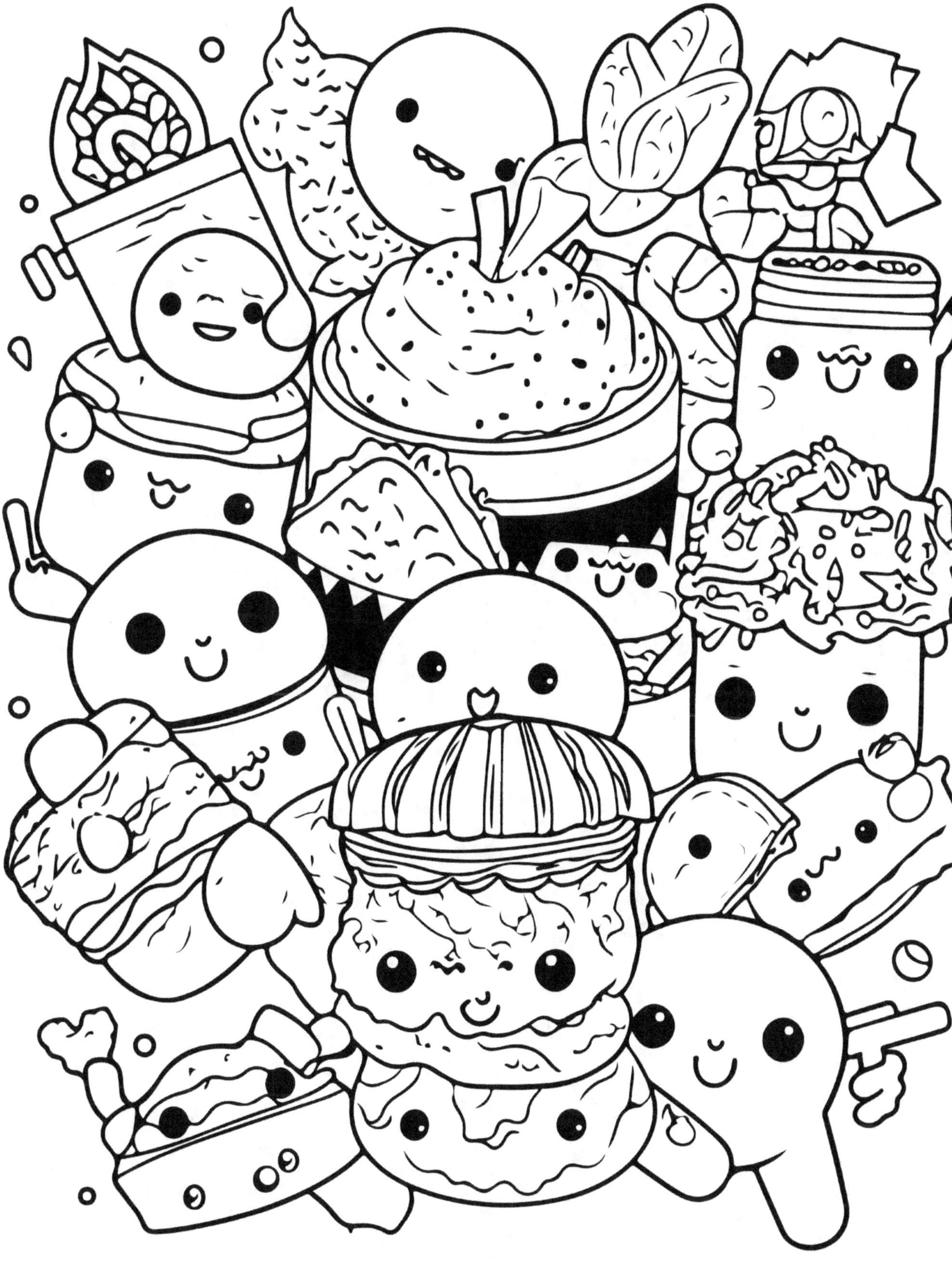

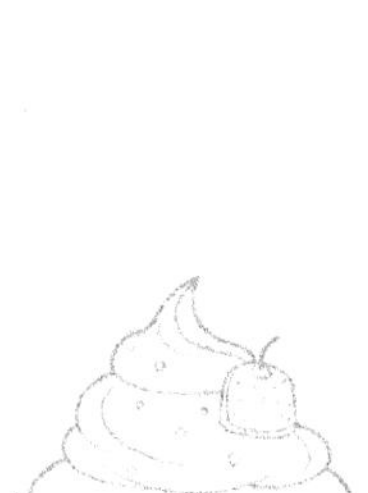

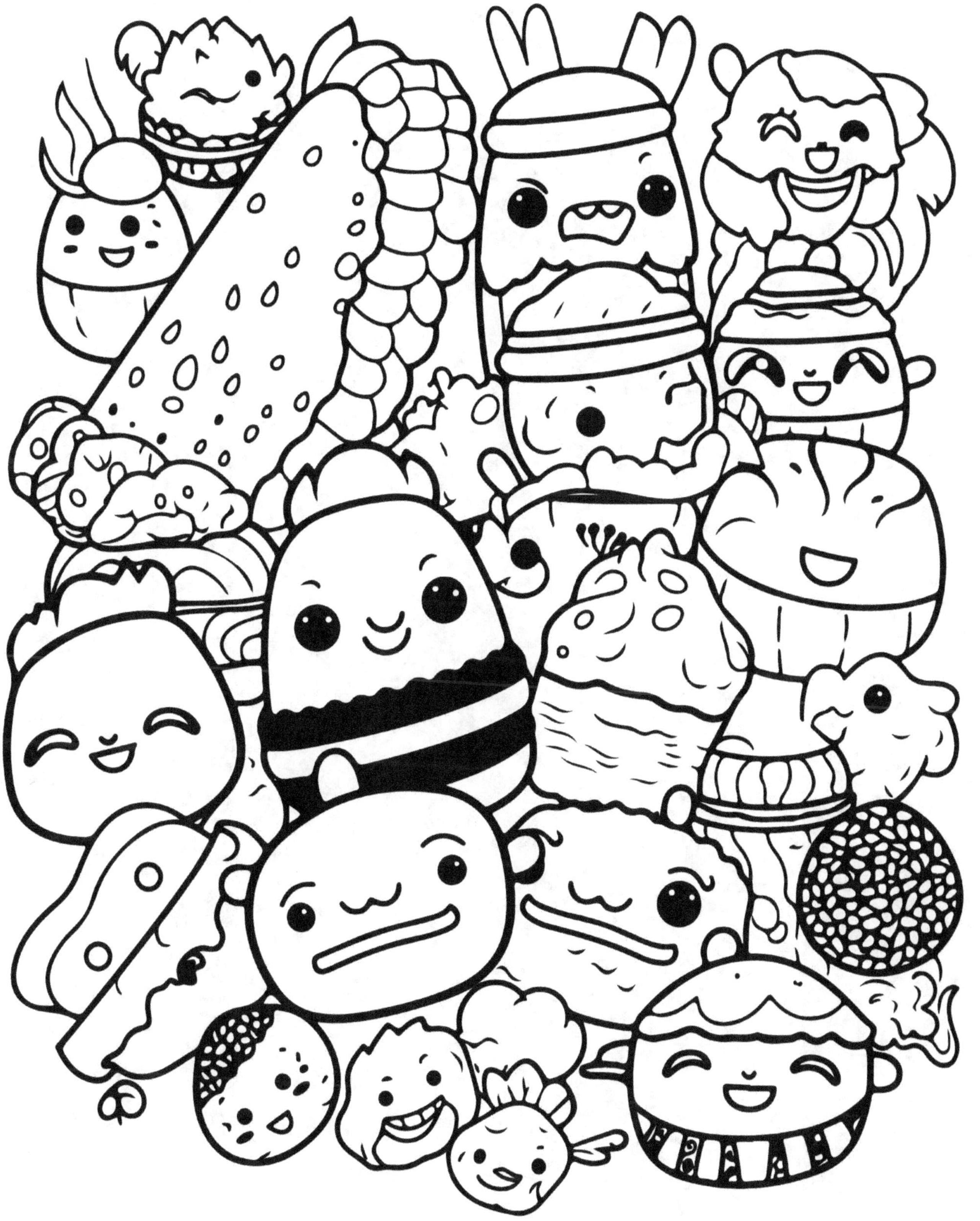

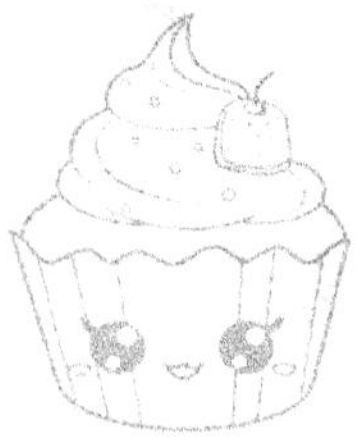

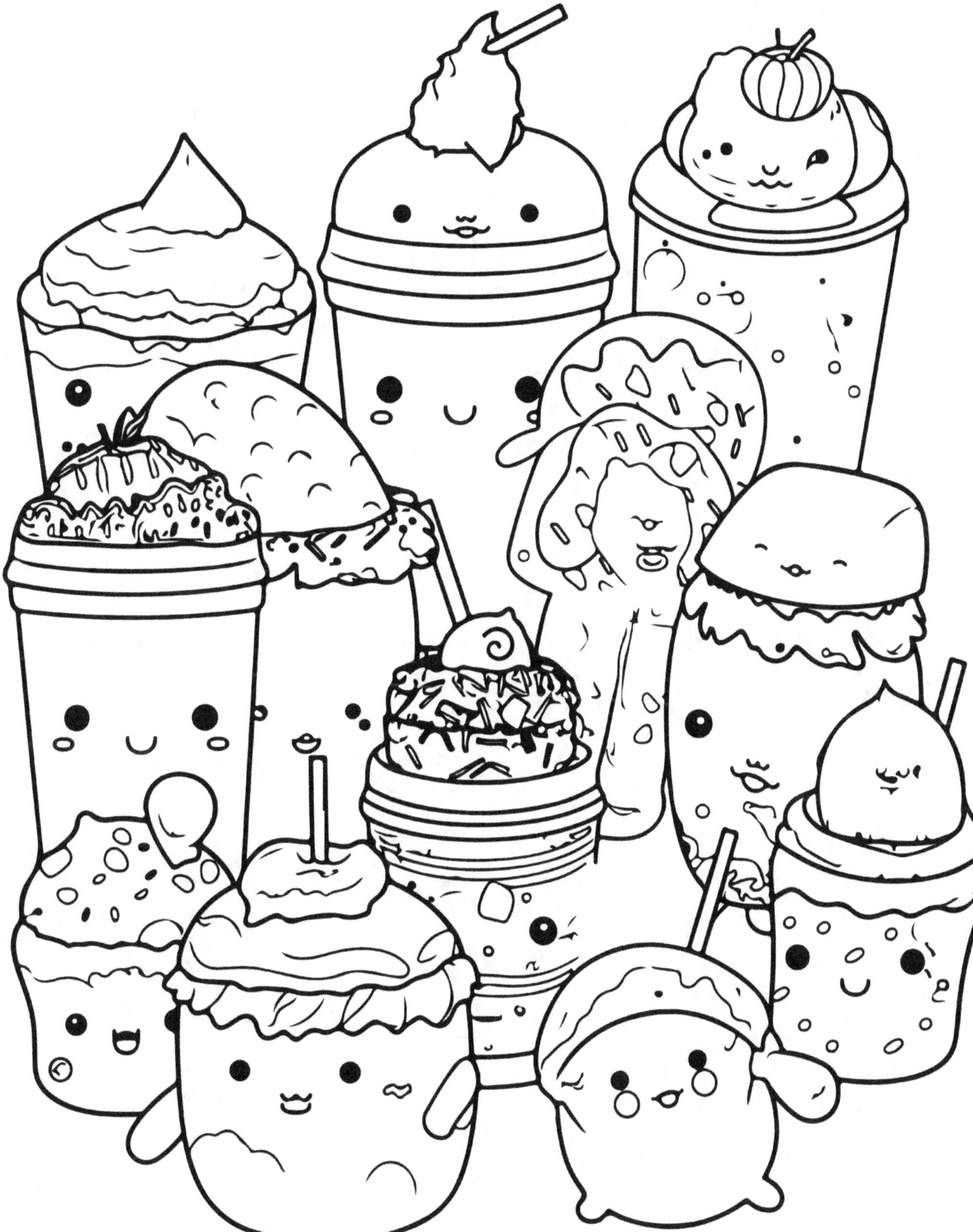

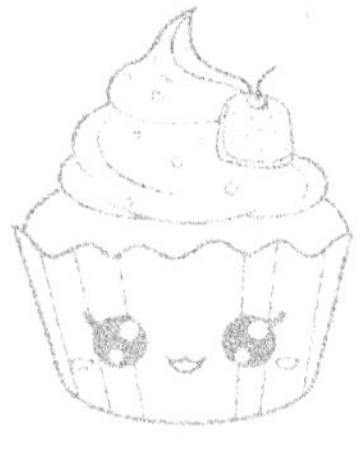

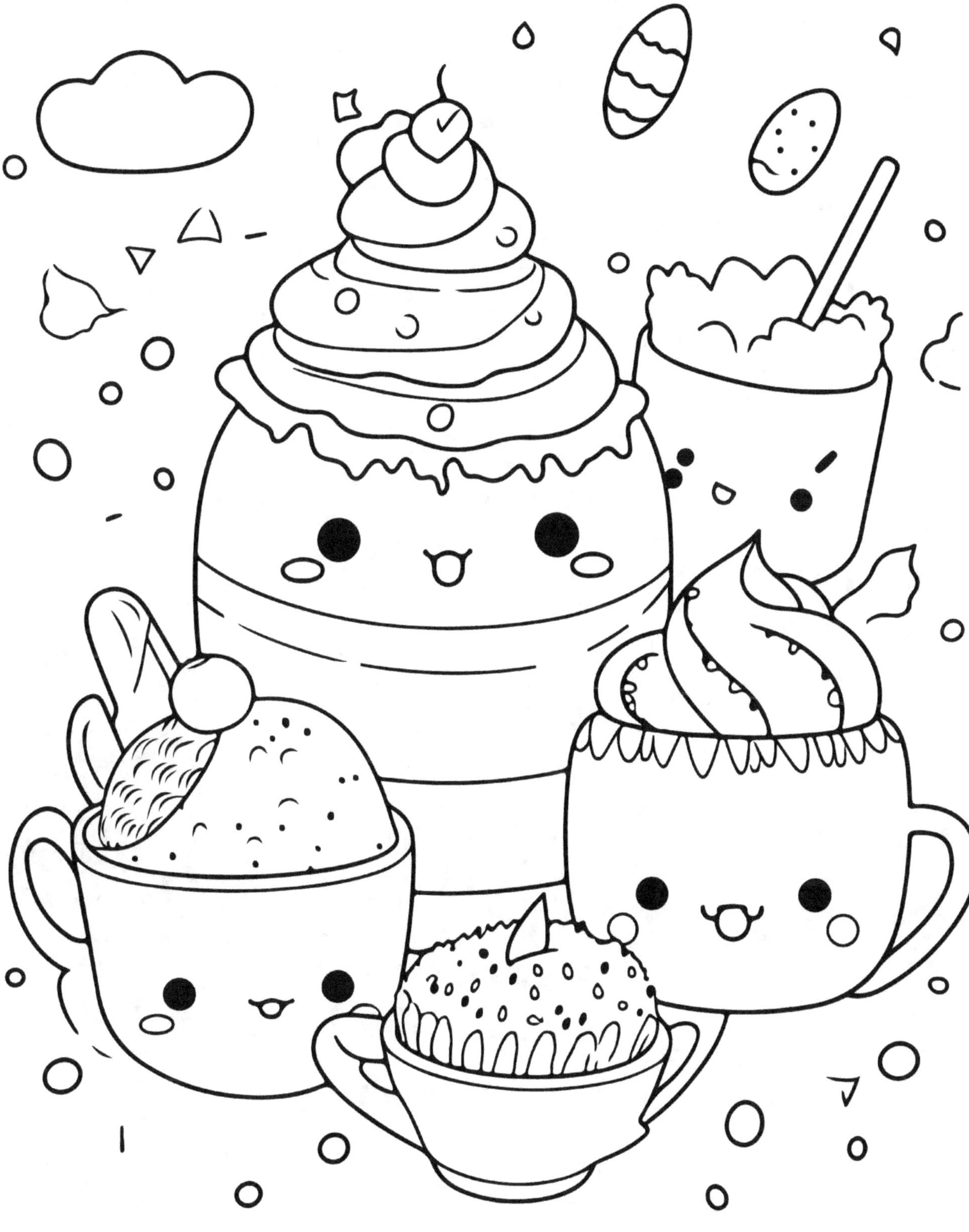

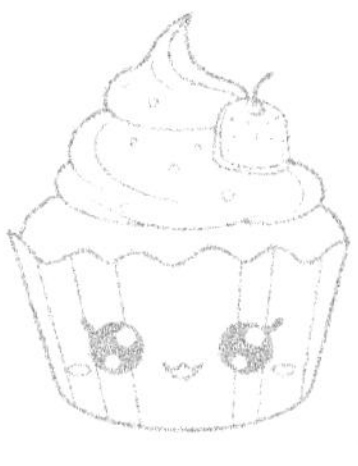

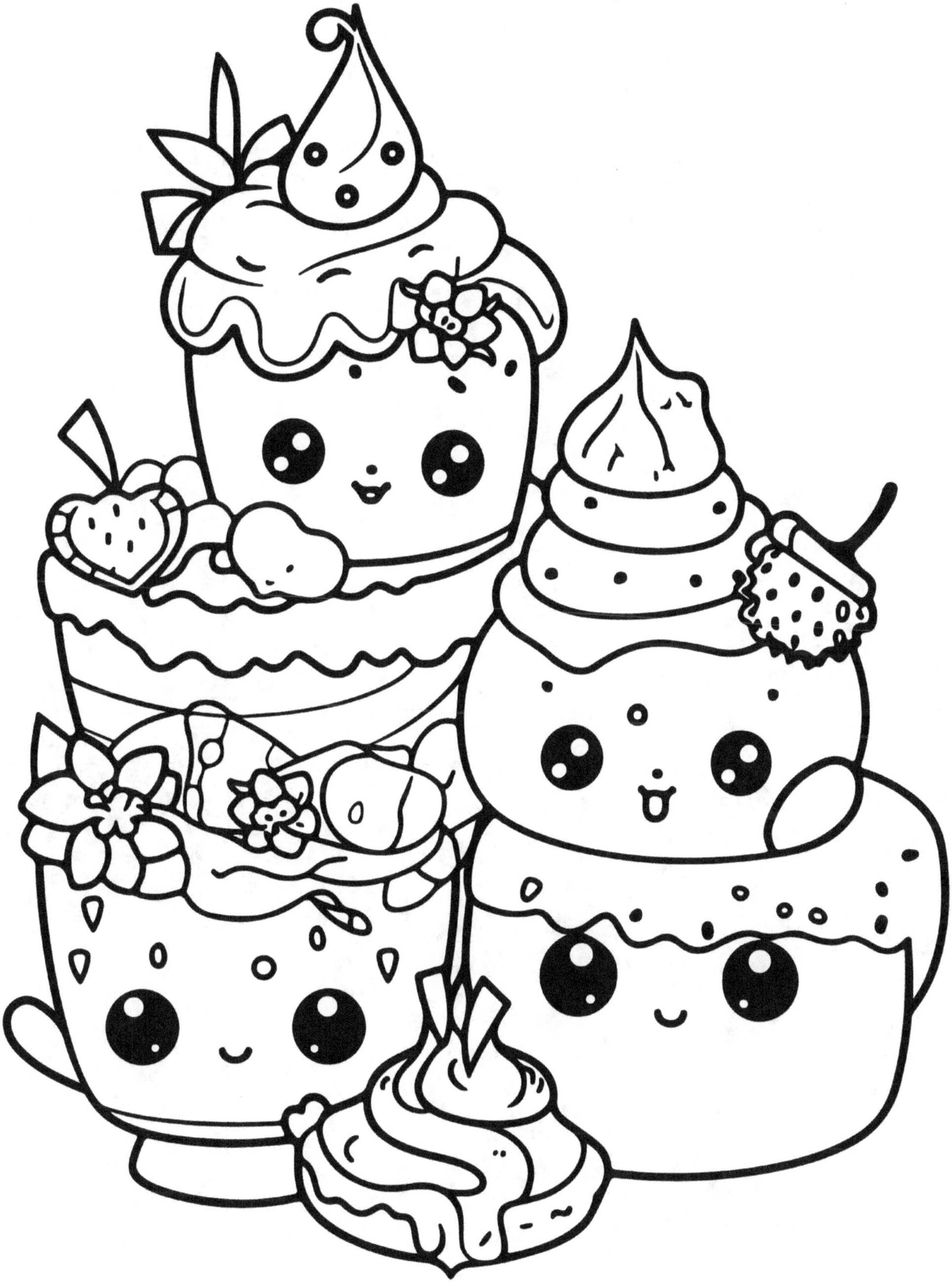

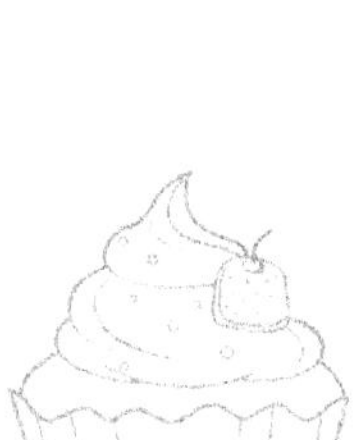

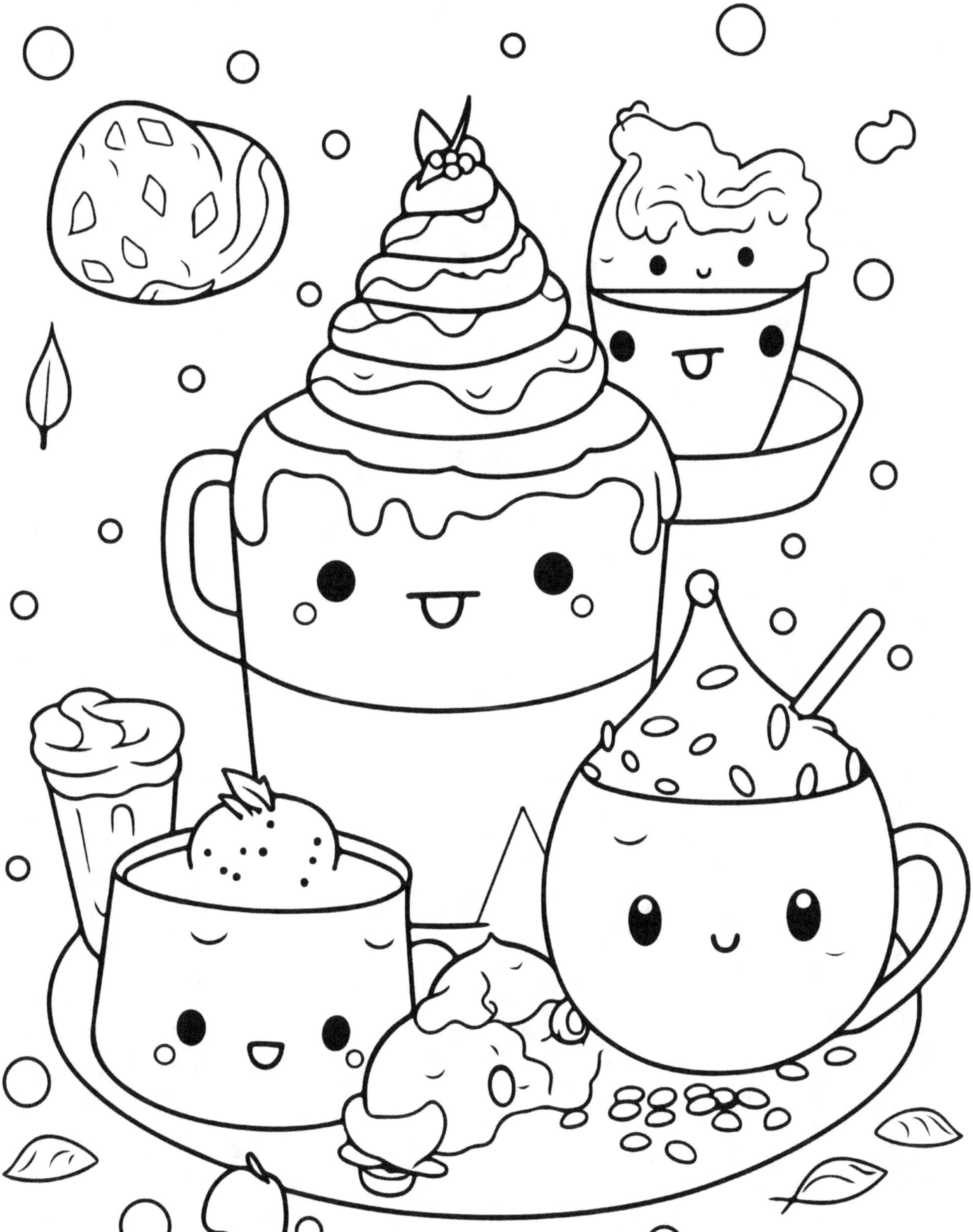

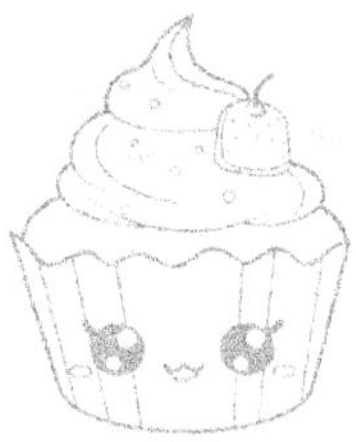

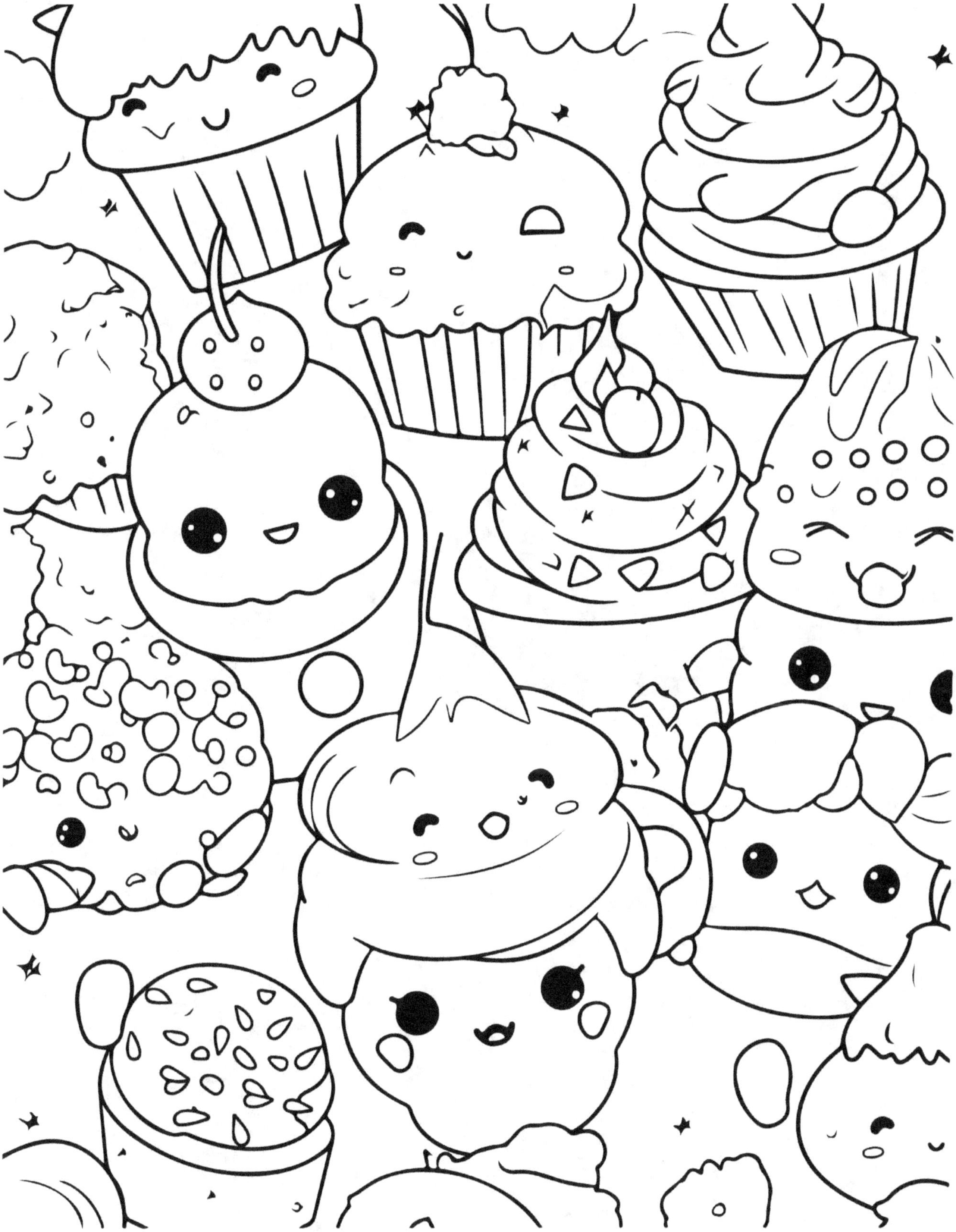

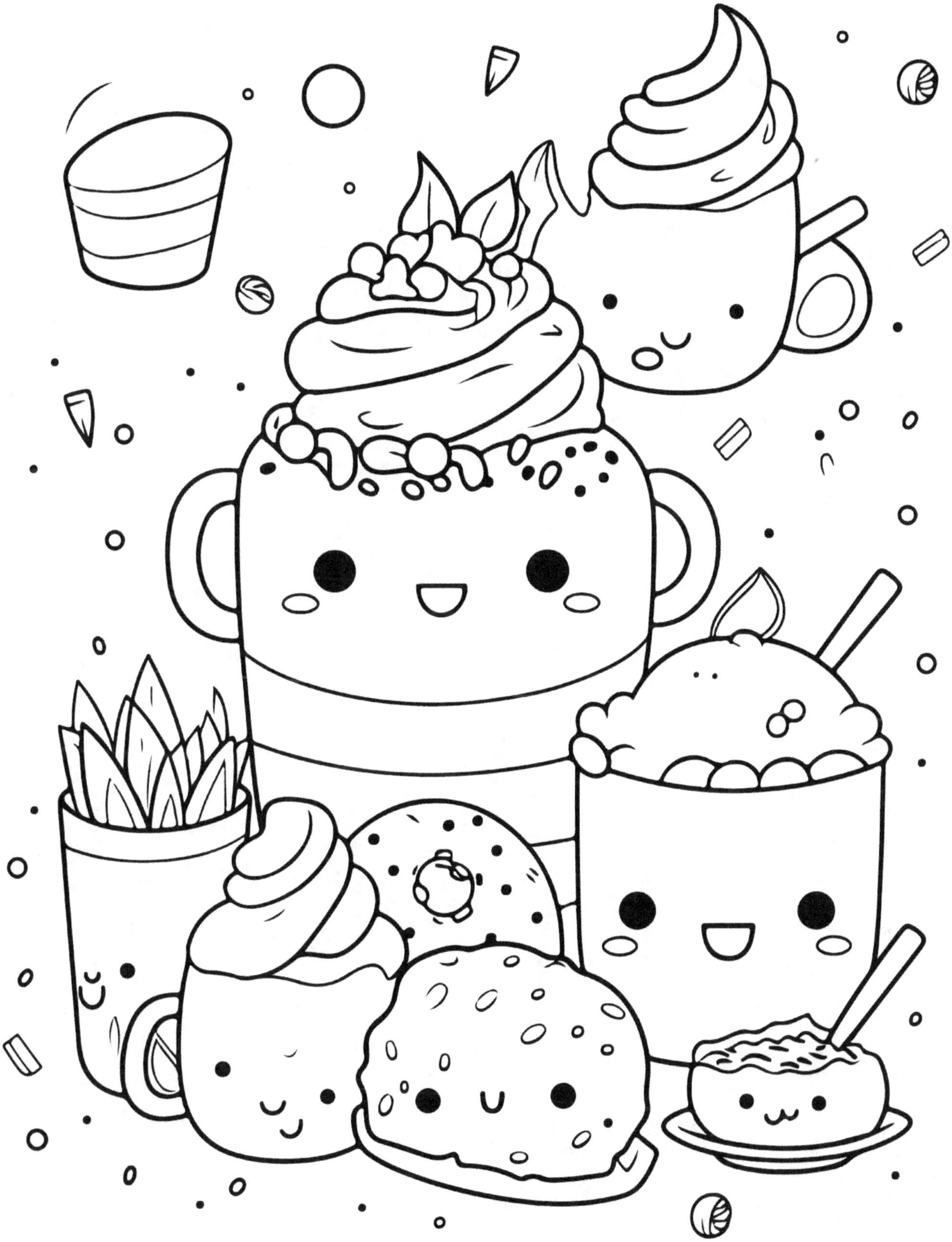

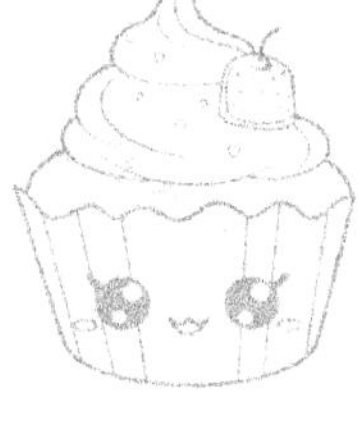

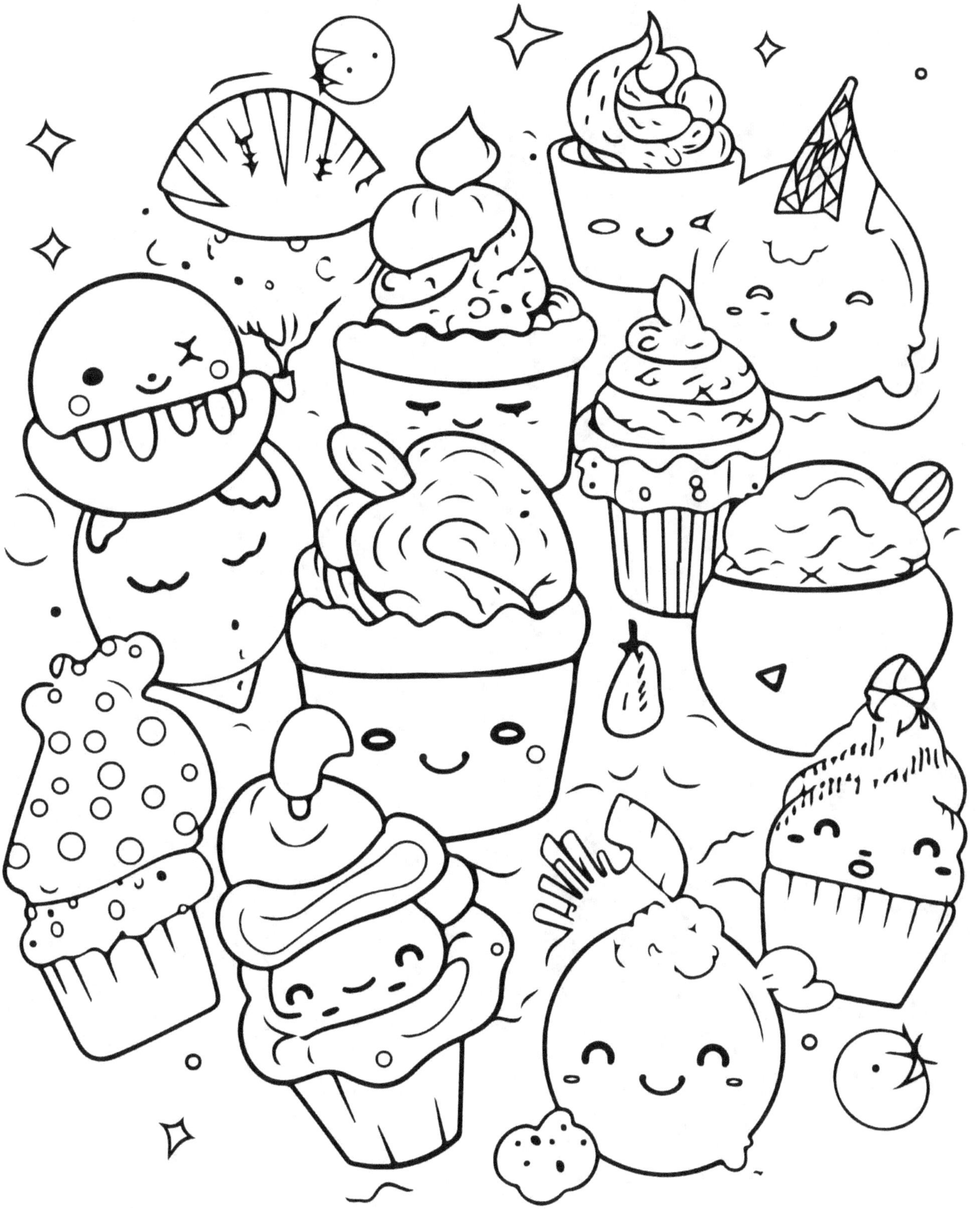

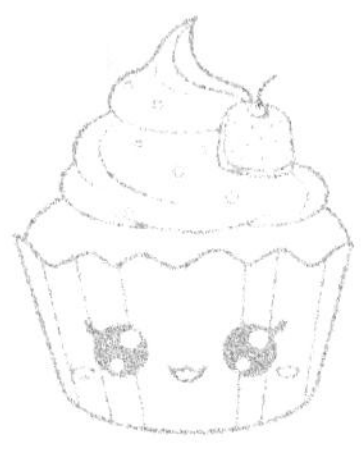

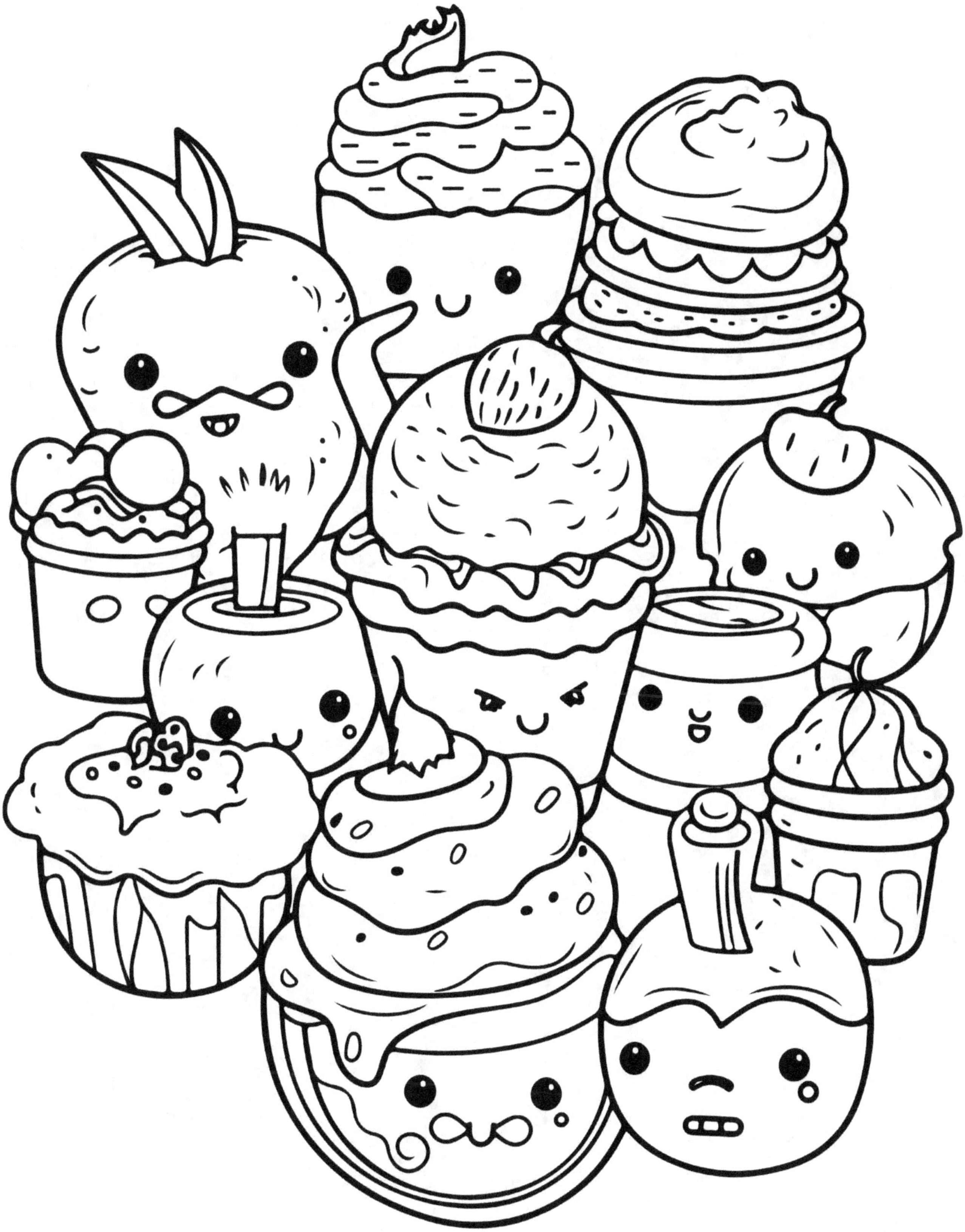

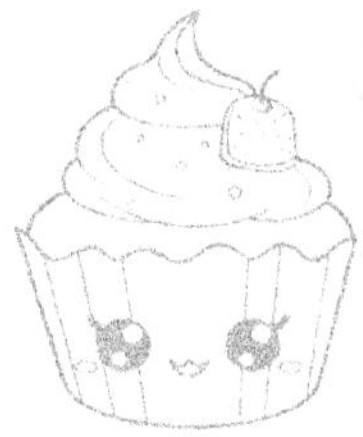

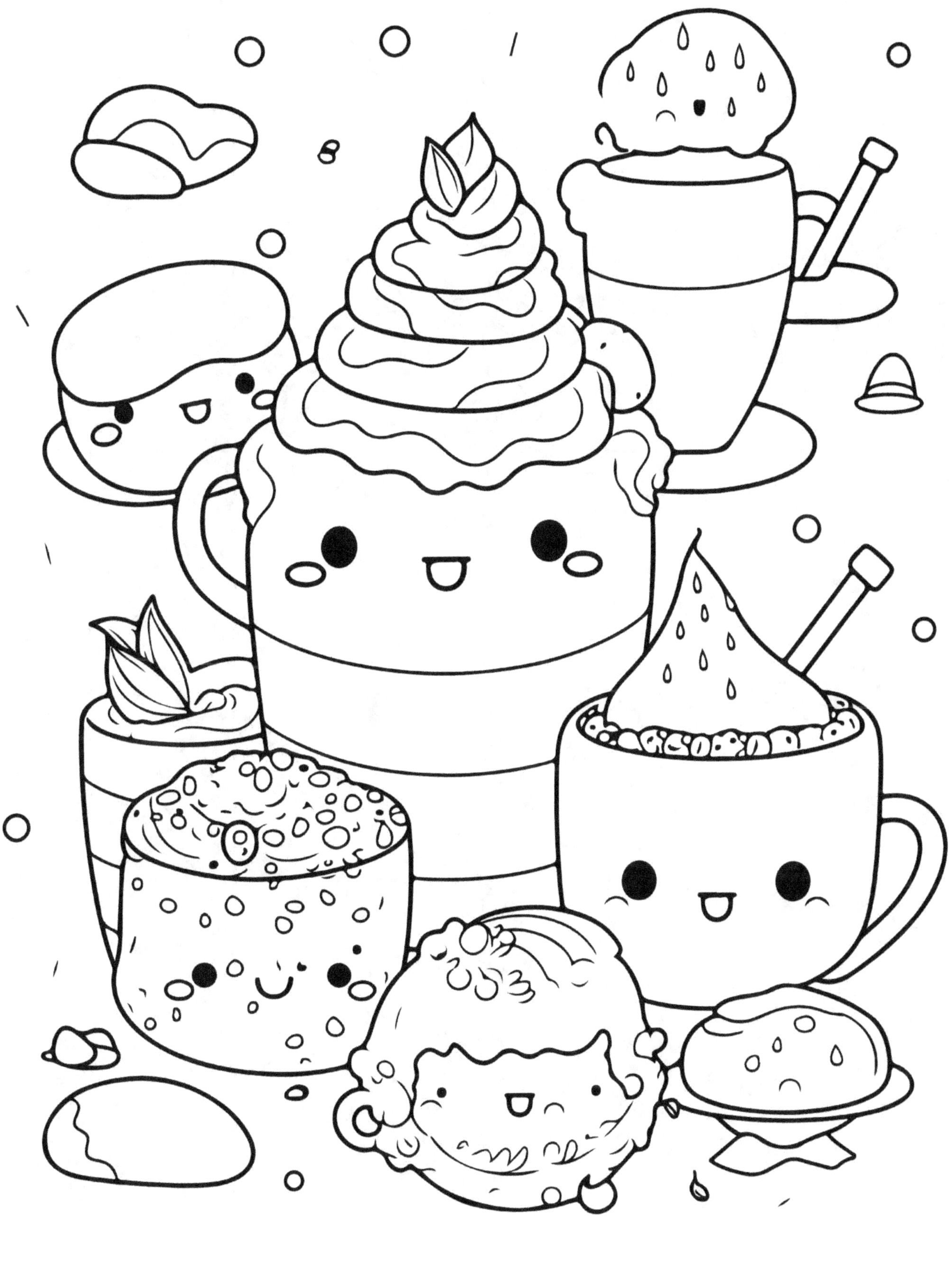

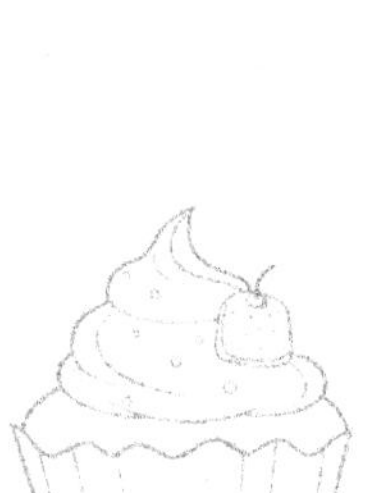

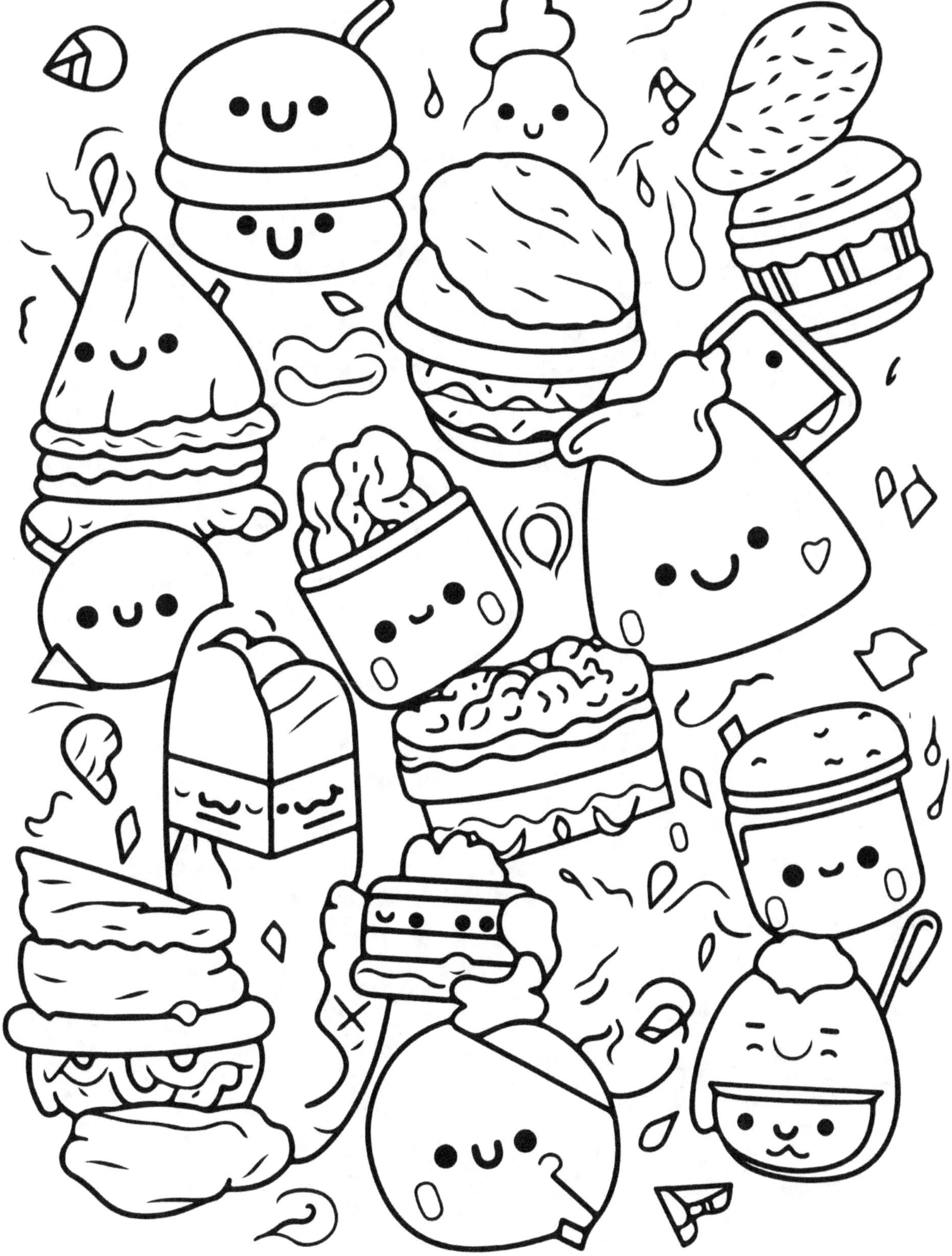

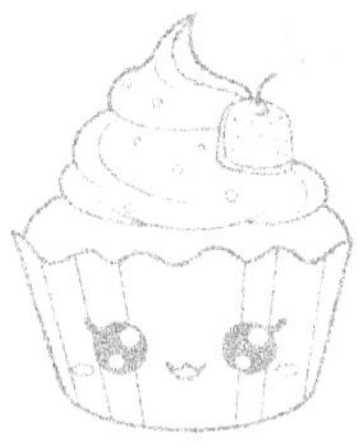

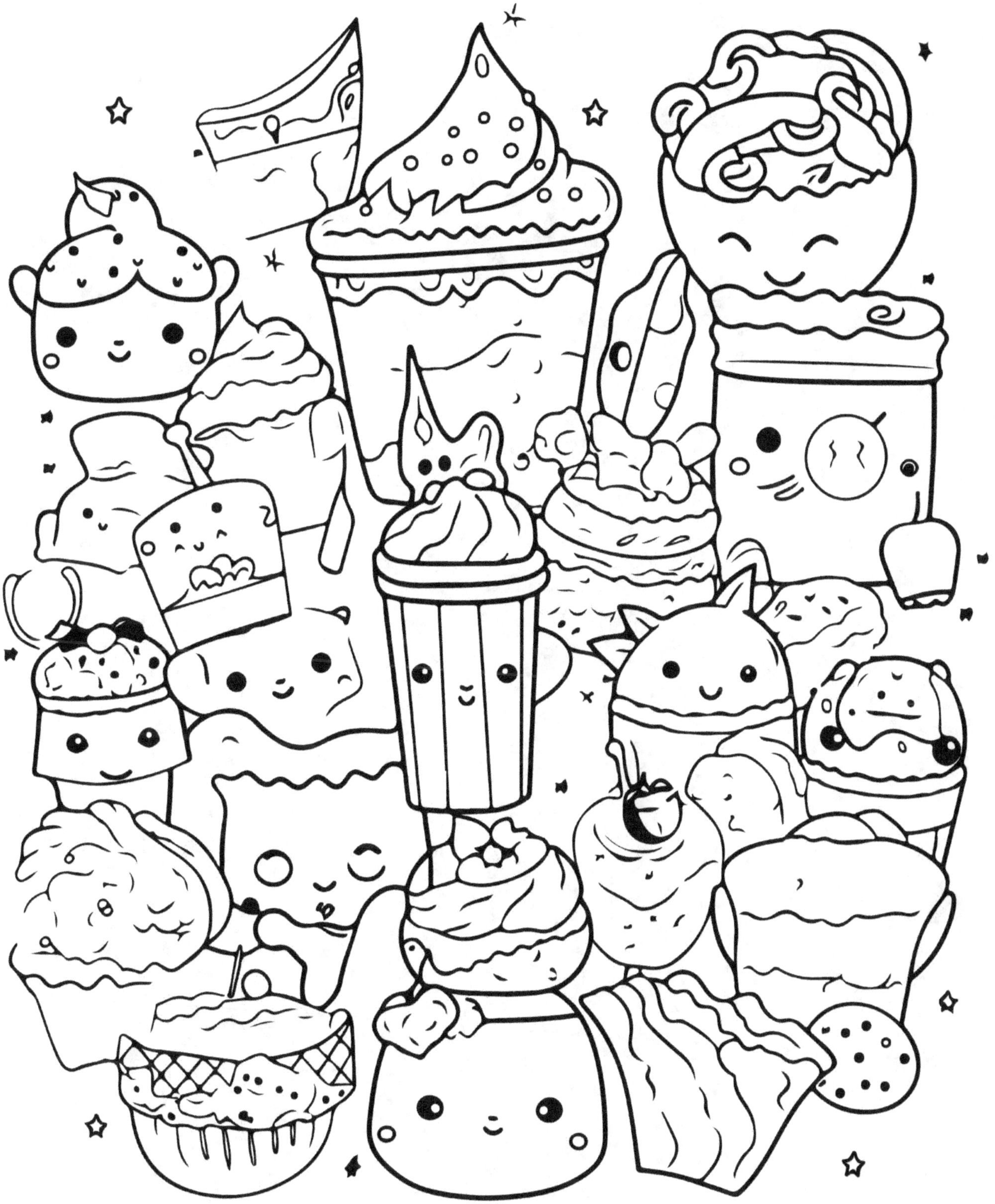

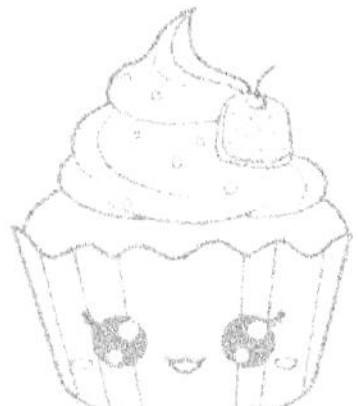

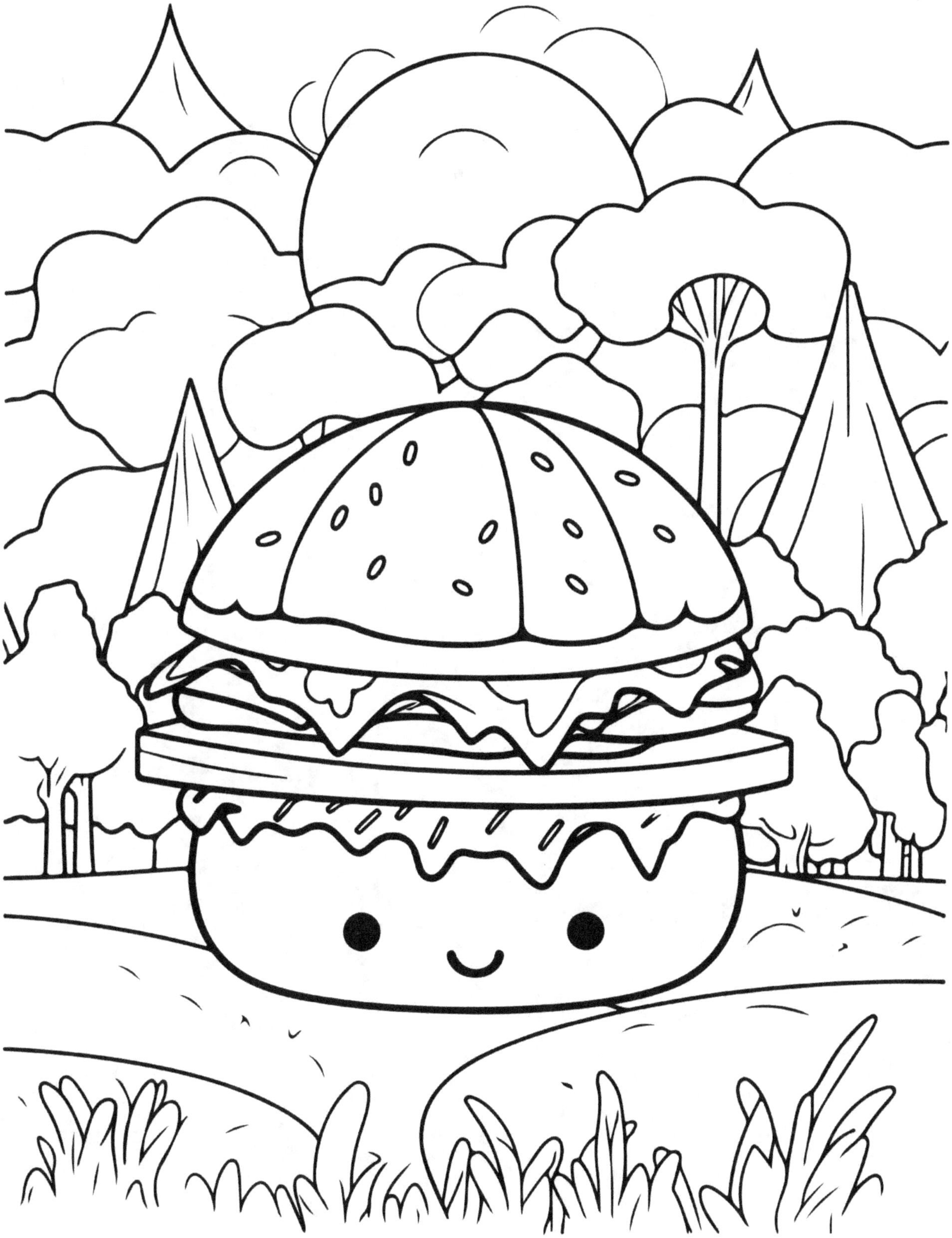

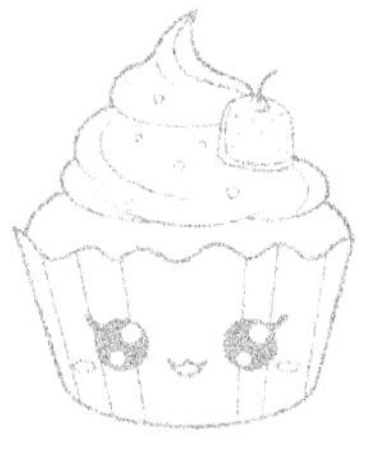

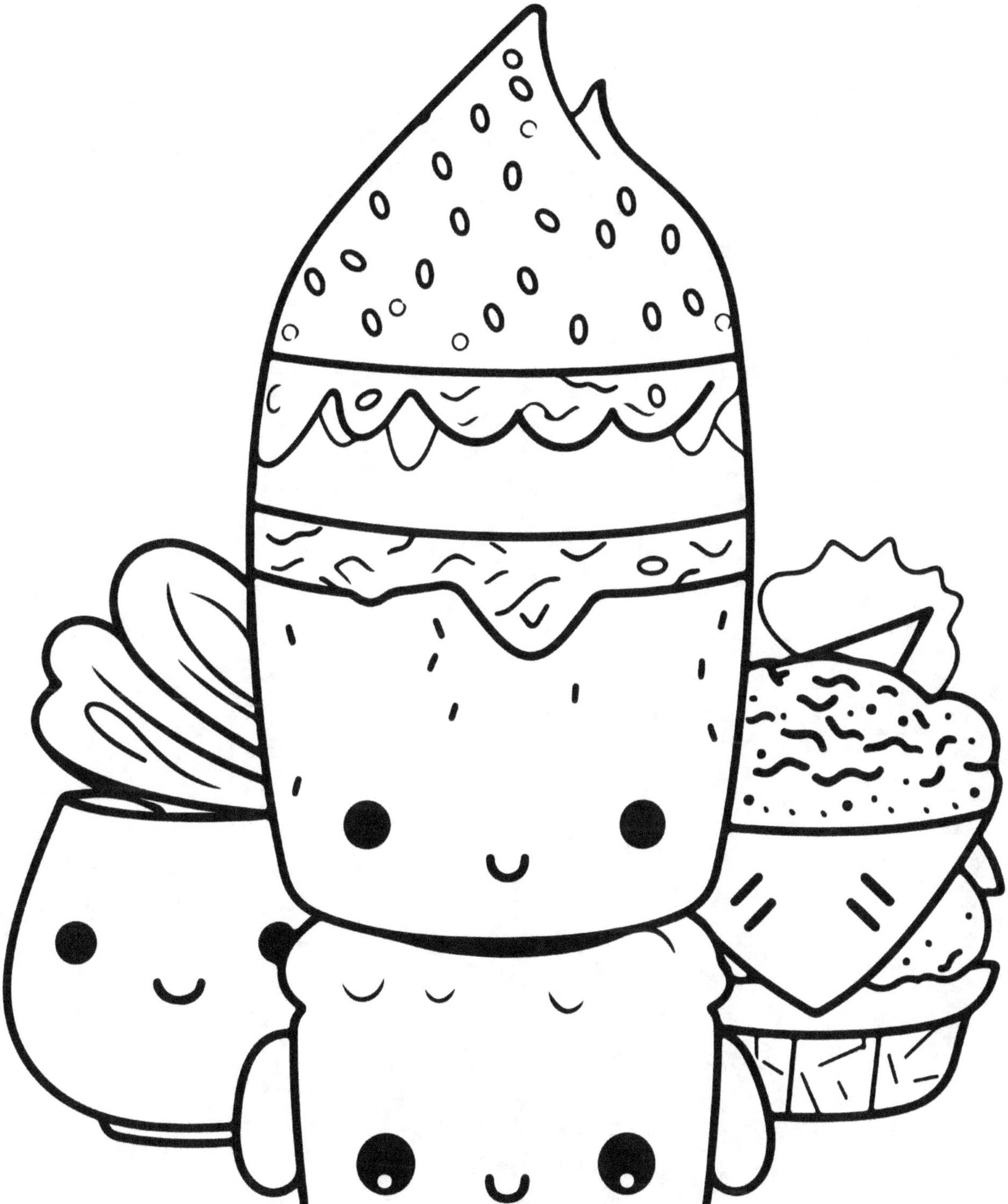

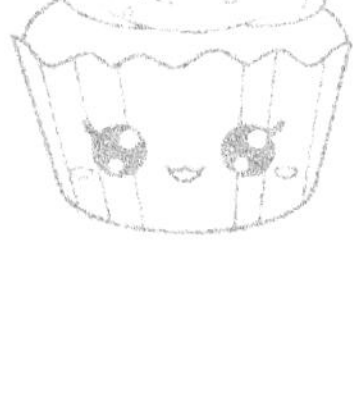

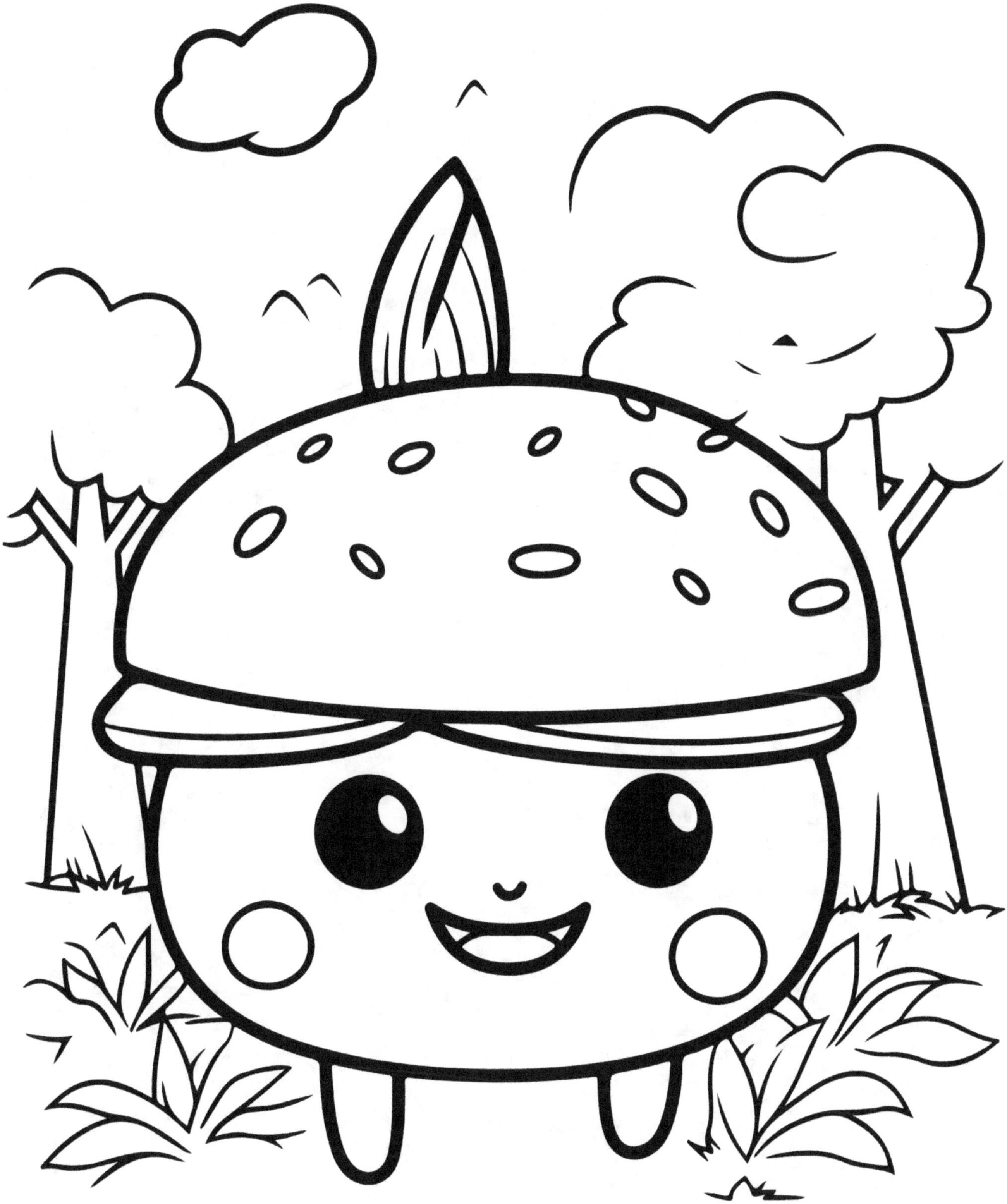

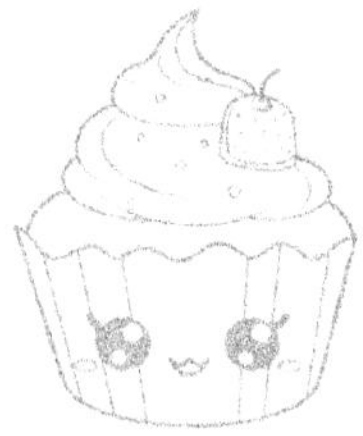

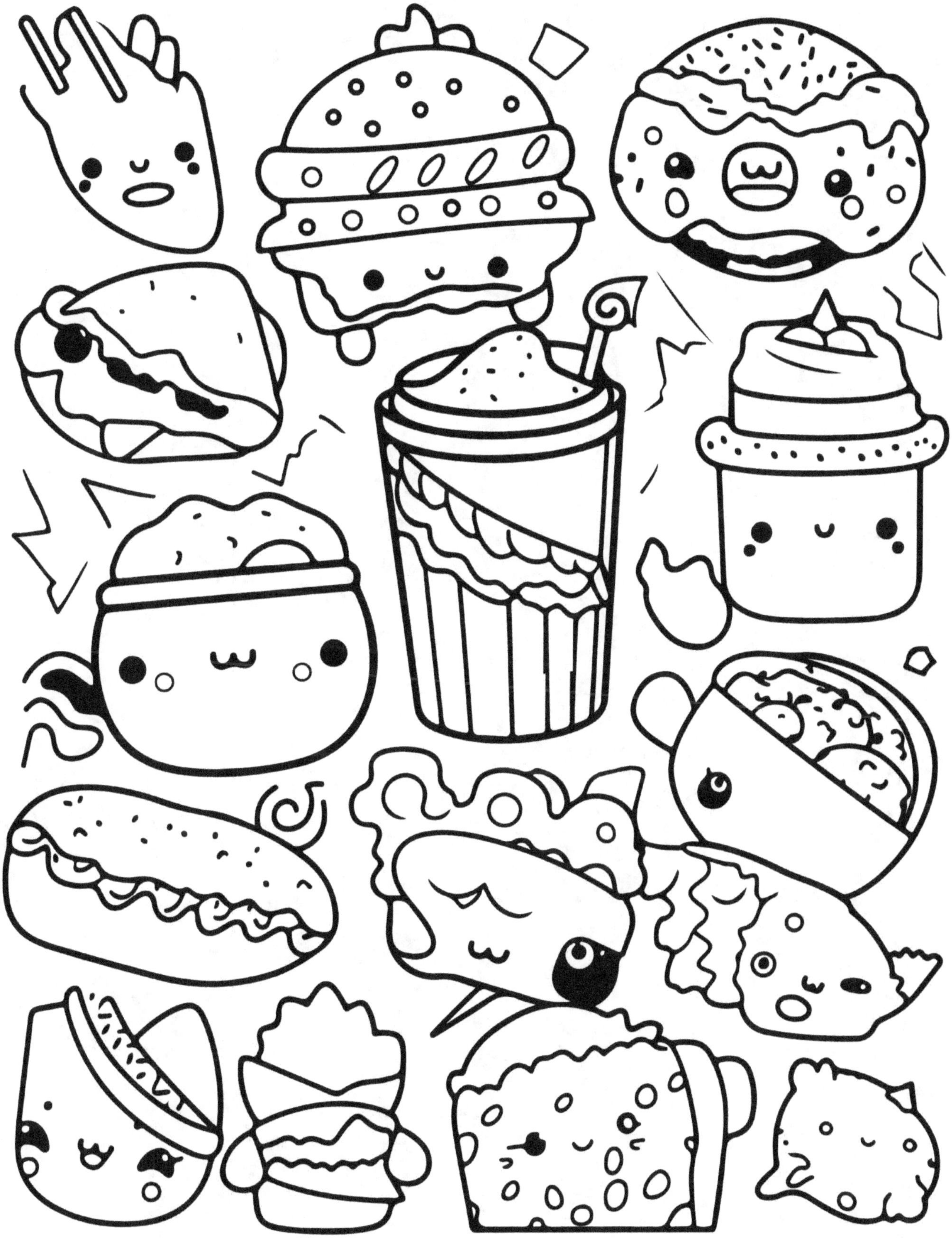

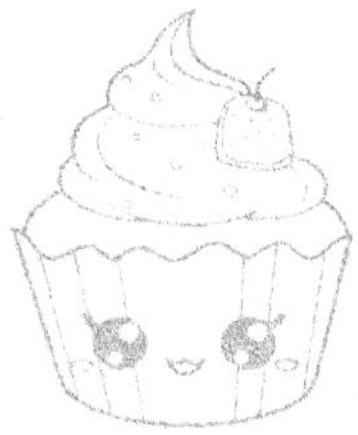

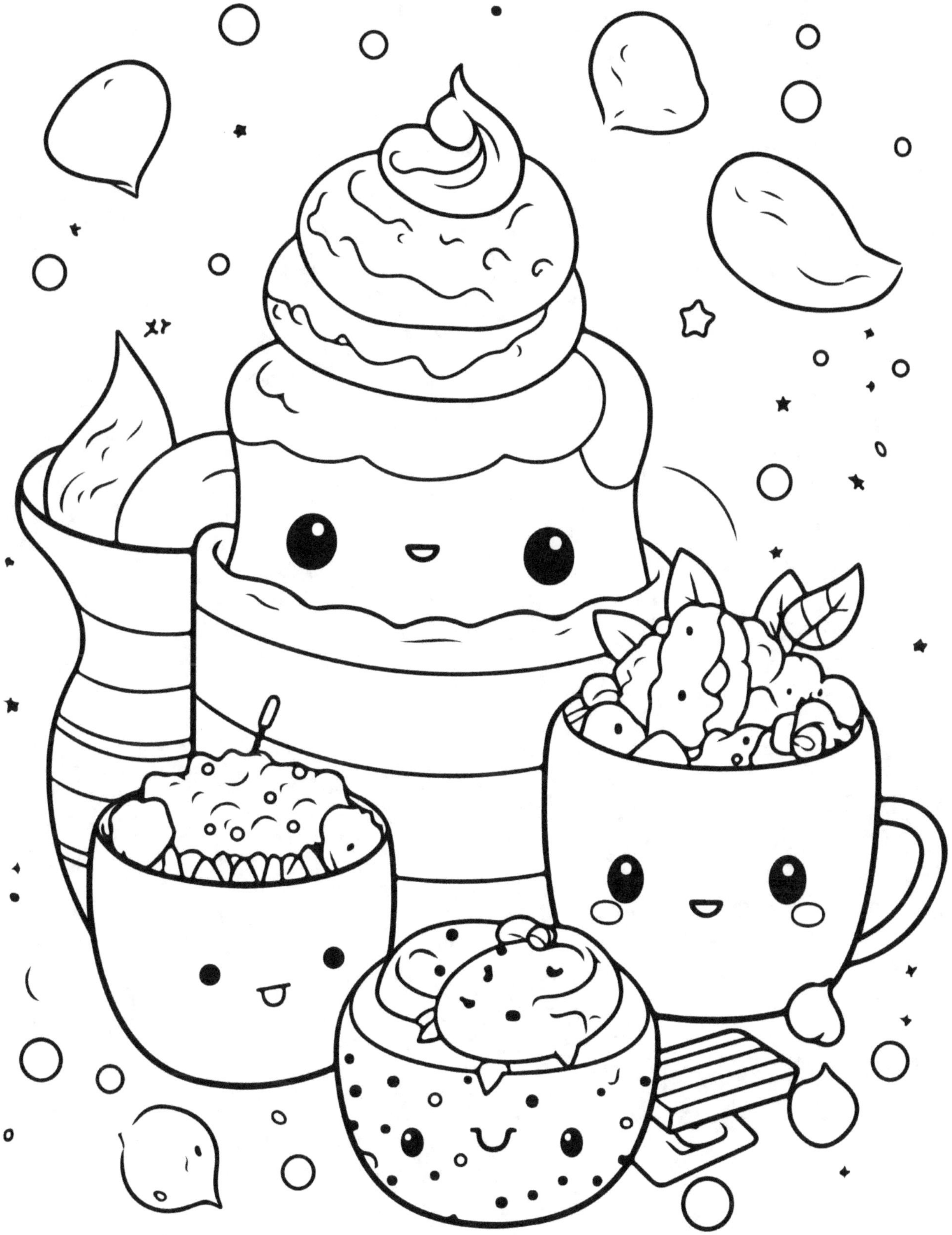

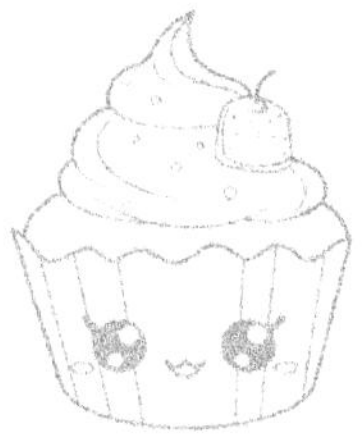

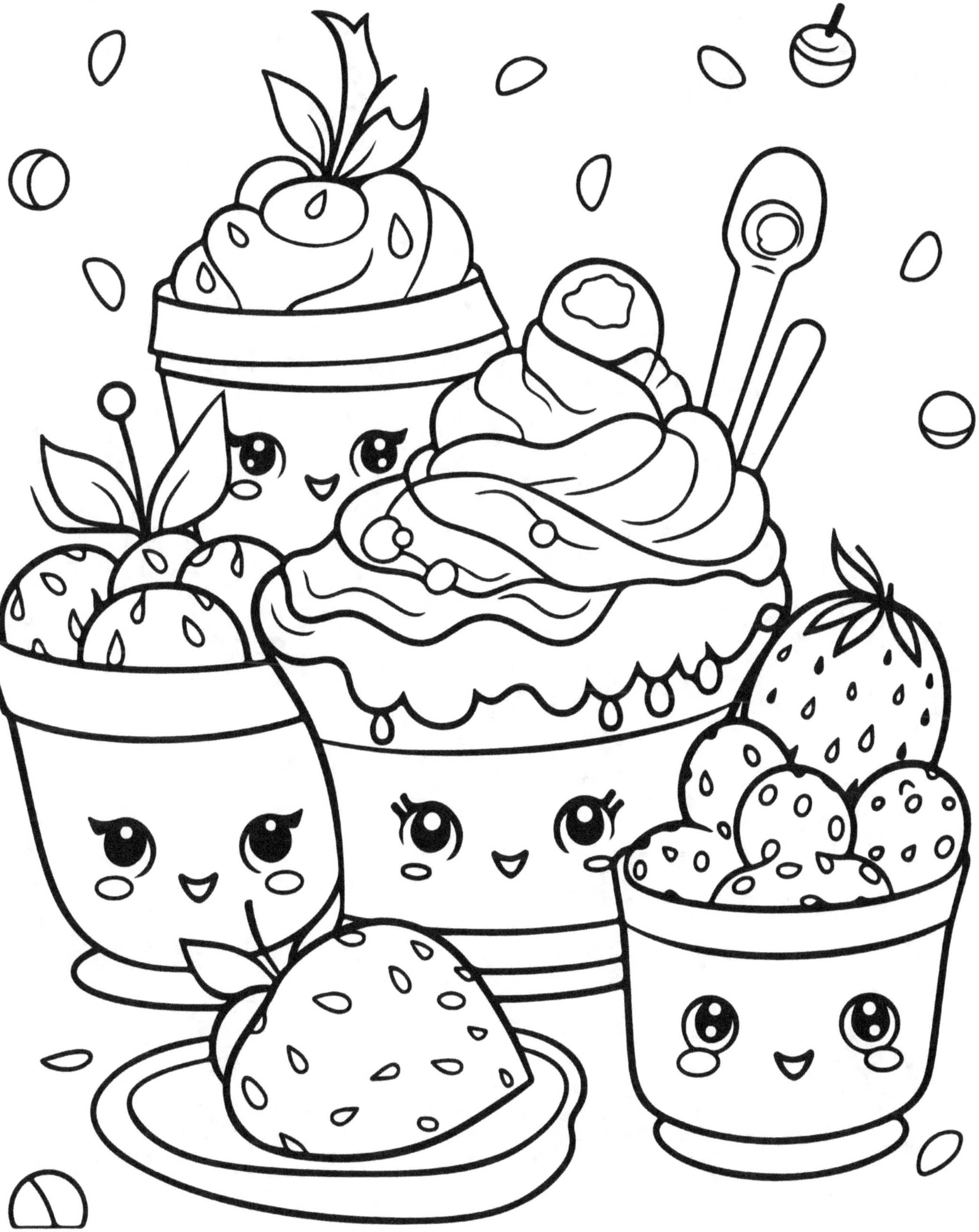

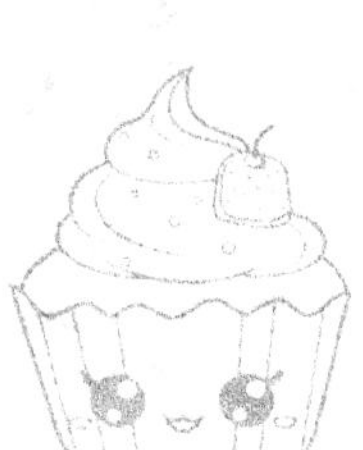

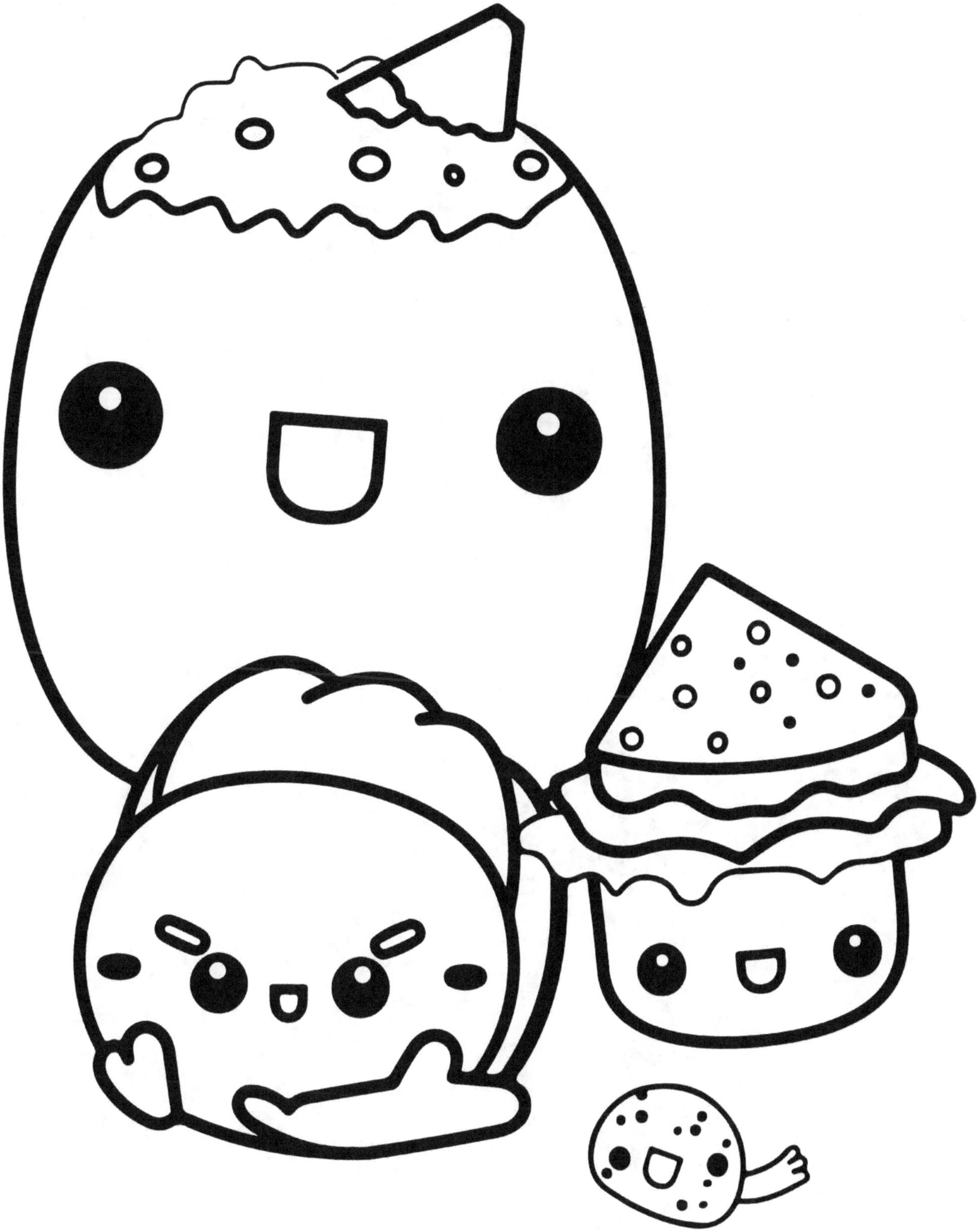

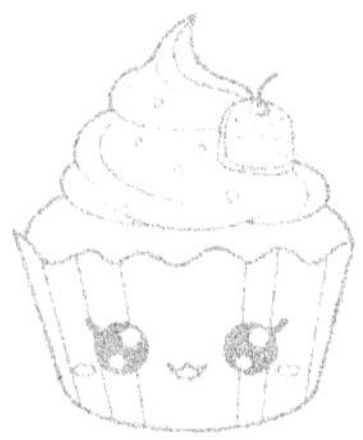

color test pages

color test pages

color test pages

color test pages

www.ingramcontent.com/pod-product-compliance
Lightning Source LLC
Chambersburg PA
CBHW081531220526
45467CB00010B/3128
* 9 7 9 8 3 9 2 5 7 9 9 2 1 *